山东省社会科学规划研究项目文丛·一般项目：
《对外汉字教学分场字库》的建设及教学实验（项目编号：12CWXJ27）

分场对外汉字教学研究

孔丽华 著

西南交通大学出版社
·成都·

图书在版编目（CIP）数据

分场对外汉字教学研究 / 孔丽华著. —成都：西南交通大学出版社，2017.12

ISBN 978-7-5643-5963-8

Ⅰ. ①分… Ⅱ. ①孔… Ⅲ. ①汉字－对外汉语教学－教学研究 Ⅳ. ①H195.3

中国版本图书馆 CIP 数据核字（2017）第 317437 号

FENCHANG DUIWAI HANZI JIAOXUE YANJIU

分场对外汉字教学研究

孔丽华　著

责任编辑	武雅丽
封面设计	严春艳
出版发行	西南交通大学出版社 （四川省成都市二环路北一段 111 号 西南交通大学创新大厦 21 楼）
发行部电话	028-87600564　028-87600533
邮政编码	610031
网　　址	http://www.xnjdcbs.com
印　　刷	四川煤田地质制图印刷厂
成品尺寸	170 mm × 230 mm
印　　张	12.5
字　　数	226 千
版　　次	2017 年 12 月第 1 版
印　　次	2017 年 12 月第 1 次
书　　号	ISBN 978-7-5643-5963-8
定　　价	65.00 元

前言

汉字教学历来是对外汉语教学的重点和难点，分场教学是其中的一个重要研究方向。本书在总结前贤研究成果的基础上，以《高等学校外国留学生汉语教学大纲》汉字表中 2561 个汉字为基础，通过标注属性，建成《对外汉字教学分场字库》，对对外汉字教学进行了深入研究。

本书共分十四章，各章节的内容安排如下：

第一章　绪论。概述了国内外对外汉字分场教学的研究现状，提出了具体研究的基本观点和思路。本章还介绍了本书的研究目的、方法、创新点和意义。

第二章　《对外汉字教学字库》和《对外汉字教学分场字库》的建设。本章介绍了《对外汉字教学分场字库》建设的原则和具体步骤。

第三章　汉字分场教学法效果实证研究。通过配额抽样的方式从两个班中各选取了 15 名外国学生作为被试者并分成两组。第一组是使用分场式汉字教学法的学生，第二组是使用常规汉字教学法的学生。通过测试的方式考查两组学生的汉字成绩，然后以此来测试对外汉字分场教学的效度和信度，为后面的研究提供数据支持。

第四章至第十三章是本书的主体内容。在分场字库的基础上，对典型的对外汉字字场进行了深入研究。首先梳理了前人的相关研究并结合该场在HSK中的考查点进行题型分析，为学生的学习和教师的教学指明了方向。

第十四章　基于分场字库的对外汉字教学文化导入研究。字场也是文化场，汉字与文化的关系决定了对外汉字教学离不开文化导入。为了深入研究文化导入对对外汉字教学的作用，我们在《对外汉字教学分场字库》

上设置了认知文化属性字段，以此进行教学实验，取得了较传统方法更好的效果。本书适合作为汉语国际教育专业教师和学生参考书，也能为参加HSK考试的学生提供帮助。

本书配图大部分为原创，小部分来源于网络，HSK题大部分选自历年真题。

本书为2012年山东省社科规划项目“《对外汉字教学分场字库》的建设及教学实验（12CWXJ27）”的研究成果。

孔丽华

2017年9月8日于山东烟台

目录

第一章　绪　论……001
1.1　国内外研究现状述评……001
1.2　基本观点和基本思路……002
1.3　研究的主要内容、目的、方法、创新点和意义……003
第二章　《对外汉字教学字库》和《对外汉字教学分场字库》的建设……006
2.1　《对外汉字教学字库》的建设……006
2.2　《对外汉字教学分场字库》的建设……010
第三章　汉字分场教学法效果实证研究……016
3.1　研究问题与假设……016
3.2　研究步骤……016
3.3　SPSS 输出结果解读……017
第四章　“人场”对外汉字教学研究……020
4.1　“身份场”概况……020
4.2　“职业场”概况……023
4.3　“泛称场”概况……028
第五章　“具体事物场”对外汉字教学研究……035
5.1　“拟状物场”概况……035
5.2　“物体部位场”概况……039
5.3　“身体部位场”概况……042
5.4　“地貌场”概况……047
5.5　“建筑物场”概况……051
5.6　“衣物场”概况……056
5.7　“动物场”概况……059
第六章　“抽象事物场”对外汉字教学研究……064
6.1　“数量 单位场”概况……064
6.2　“文教场”概况……069

第七章　“时空场”对外汉字教学研究……078
7.1　“时间场”概况……078
7.2　“空间场”概况……084
第八章　“特征场”对外汉字教学研究……091
8.1　“外形场”概况……091
8.2　“颜色场”概况……097
8.3　“味道场”概况……101
8.4　“性质场”概况……105
第九章　“身体动作场”对外汉字教学研究……110
9.1　“头部动作场”概况……110
9.2　“全身动作场”概况……114
第十章　“社会活动场”对外汉字教学研究……120
10.1　“交通运输场”概况……120
10.2　“经济活动场”概况……124
10.3　“教卫科研场”概况……129
10.4　“社交场”概况……133
10.5　“生活场”概况……139
第十一章　“心理活动场”对外汉字教学研究……146
11.1　“心理状态场”概况……146
11.2　“心理活动场”概况……150
第十二章　“现象与状态场”对外汉字教学研究……156
12.1　“生理现象场”概况……156
12.2　“表情场”概况……160
第十三章　“助语场”对外汉字教学研究……165
13.1　“辅助场”相关研究……165
13.2　“疏状场”概况……169
第十四章　基于分场字库的对外汉字教学文化导入研究……176
14.1　对外汉字教学文化导入的必要性……176
14.2　对外汉字教学文化导入的有关研究……182
14.3　基于分场字库的对外汉字教学文化导入研究思路……183
14.4　基于分场字库的对外汉字教学文化导入实证研究……183
14.5　文化视野下的分场对外汉字教学策略……185
参考文献……188

第一章　绪　论

1.1　国内外研究现状述评

分场研究多见于汉语本体和中文信息处理中，目前学界较为认可的有国外的 WORDNET，国内的《同义词词林》《简明汉语义类词典》《现代汉语分类词典》《中文概念词典》、HOWNET、HNC……但在对外汉字方面，研究比较薄弱。

白乐桑的 *A Key to Chinese Speech and Writing*，是一本以“字本位”为中心思想的书。该书虽然采用了随文识字的方法，但在汉字的选排上，他已经开始采取分场的做法，把意义有联系的字放在了一起，其中最典型的例子就是“numbers and dates”。

安子介先生（1991）是利用字义分场进行扫盲教学的先驱。他的《安子介现代千字文》出发点是扫盲，但该书也经常被用作对外汉字教学用书。安先生认为汉字可以分为 13 类（动、人、物、比、力、意、状、数、空、联、向、时、固），并对 2000 个常用汉字进行了分类和教学实验。从分类结果来看，每类包含字的数量相差很大，不利于有效安排课堂教学。

黄剑杰（1989）认为通过吸收我国古代儿童启蒙识字法和现代的小学生识字法的长处，并结合认知心理学相关原理，能够建立以义为中心的分类体系。2007 年，他按部首、物属对汉字进行分类，出版了《科学分类识字丛书》，用于儿童识字。对于外国留学生来讲，他们不熟悉汉语，跟中国的文盲、儿童有相似之处，建立对外汉字教学分场字库，可以借鉴安子介和黄剑杰先生的研究成果。

张必隐（1992）从阅读心理学角度指出：汉字识读中的形义联系强于形音联系。在汉字的学习过程中，形音与形义的联系在大脑里同时建立，但随着时间的推延，形义的联系强度大于形音的联系强度。这为对外汉字教学中加大意义作用的研究提供了心理学依据。

石定果、万业馨（1998）指出：“留学生多数希望采取先整字然后归纳分析的教学步骤，与我们惯常主张的由独体到合体、由部件到整字的程序相悖。

学生需要获得对整字的形音义的完整概念，在此基础上再进行层次分析，理解其结构原理，或许他们感觉这样更为系统和清晰。”分场字库的建设及其教学正是基于这种思想，站在更高层次上，通过整体到部分的反复认识来提高对外汉字学习的效率。

李大遂一直主张对外汉字教学要形音义兼顾，注重系统性。他（2002）提出：“偏旁是汉字形音义系统形成的主要因素，偏旁是汉字体系最重要的结构单位，偏旁之间的结构关系是汉字体系最重要的结构关系。”根据偏旁与合体汉字结构关系，他（2006）绘制了《合体汉字生成示意图》（汉字生成坐标）。2008年他重申了这些观点，并强调指出“知识教学和识字教学都应该突出汉字系统性的把握与应用，坚持以偏旁为纲。这样可以收到纲举目张的教学效果”。

在分类思想指导下，杜丽荣（2004）提出了对外汉字教学“系联法”。该法通过汉字形符、声符的系联，使学生认识到汉字的系统性和理据性，并自觉地遵循汉字规律去学习汉字，包括形的系联、声的系联和综合系联等几个方面。“系联法”非常重视汉字的系统性，但并不能将一种方法最大限度地贯彻到底。

潘先军（2002）在统计调查的基础上一针见血地指出形旁表意具有相当的局限性，尤其对没有汉语背景的外国留学生，因为他们不具备相应的汉字知识和理论，难以清晰地把握形旁对应的意义。这个局限性同样也存在于声旁系联。

如何在前人研究成果的基础上，建立分类科学合理的“分场字库”，在各个场的层次下再划分出“形旁系联”“声旁系联”等层级，建立起大系统下的小系统，是本书研究的关键。

1.2 基本观点和基本思路

1.2.1 基本观点

从教学实践来看，如果一字一字孤立地去认知汉字，难免事倍功半，而循着汉字自身的系统性去认知，符合认知规律，则可收事半功倍之效。从教育科学的角度说，“学习和利用类别，是一种最基本、最普遍的认知形式”。“场”反映了事物的系统性，是若干相联系的因素构成的聚合体，是利用类别认知的方法。我们把语义有联系的汉字的聚合体称之为“字场”，这个称谓借鉴了词场。

从语言事实来看，绝大多数的字都有意义，是语素；同时，很多的字又可以独立运用，是词。从古汉语来看，早期的词多是单音节的，也就是字。这样，我们可以将词场的研究结果应用于字场的分类，这种做法古已有之。

我们分场以梅家驹等人编的《同义词词林》的语义分类标准和框架为基础，根据对外汉字教学实际需要进行取舍。每个汉字只选取其最常用、最基本的字义进行归场，并尽可能地选择名词义。

以语义为纲，根据人的认知、书写的难易度、与日常生活贴近的程度、近义、反义、种属、顺序、文化习俗等标准来安排场及场里的字的先后顺序。为了充分发挥计算机在教学中的作用，我们还要制作便于学习的“字树”和FLASH 光盘。

1.2.2　研究思路

（1）选用《高等学校外国留学生汉语教学大纲》2561 个汉字作为对外汉字教学必教字，设置“拼音、笔顺、笔画、释义、字场符号标记、本义、语素性、声符、形符、偏旁、部件、频率、甲级词、乙级词、丙级词、丁级词、例句、习题”等 18 个属性段建成《对外汉字教学字库》。

（2）在建成《对外汉字教学字库》的基础上，根据前人研究成果制定《对外汉字教学分场字库》的分场规范。

（3）以梅家驹等人编的《同义词词林》的语义分类标准和框架为基础，参照 HOWNET、HNC、北大义类词典、北大概念词典等分类体系，根据分场规范进行取舍分场，建成一字一义、一义一场的《对外汉字教学分场字库》。

（4）根据《对外汉字教学分场字库》画出“字树”，制作囊括字库所有信息的用于对外汉字教学的 FLASH 软件。

（5）将《对外汉字教学分场字库》成果用于教学实践，并根据学习效果和汉语实际调整字场。

（6）编写对外汉字教学教材《基于语义分类的对外汉字教学》。

1.3　研究的主要内容、目的、方法、创新点和意义

1.3.1　研究的主要内容

本书主要研究以下内容：

（1）《对外汉字教学字库》属性段的设置。

（2）在《对外汉字教学字库》基础上，结合教学实际，划分出数量适中、符合第二语言教学规律并且不违背汉语事实的字场，建成《对外汉字教学分场字库》。

（3）实验对外汉字教学中先整体后部分教学方法的可行性。

（4）字场的系统性与通过声符、形符、部件建立的系统性比较研究。

（5）通过分场发现新的对外汉字教学方法。

（6）常规教学方法和基于分场字库教学方法效果实验对比。

1.3.2 研究方法

（1）定性与定量相结合的方法，形式与意义相结合的方法。本书选用《高等学校外国留学生汉语教学大纲》规定的所有汉字，设立相关属性段，建成《对外汉字教学字库》，进而建成《对外汉字教学分场字库》，在限定范围中进行定性、定量研究。

（2）利用数据库进行研究。在构建《对外汉字教学字库》和《对外汉字教学分场字库》的基础上，深入研究对外汉字教学的影响因素。

（3）理论与实践相结合的方法。在对外汉字教学经验基础上，运用语言理论进行对外汉字分场，然后利用分场结果进行教学实验，通过实践—理论—实践的循环，不断完善基于字场的对外汉字教学方式方法。

（4）注意层次性的研究方法。对困难的解决由易及难，逐步解决；对数据库的建设也是先进行小规模的标注试验，制定规范，在此基础上再进行大规模标注。

1.3.3 创新点

（1）在封闭域内，借鉴汉语本体和中文信息处理研究较为成熟的词义分类系统，研究建立适用于对外汉字教学的字义分类体系。

（2）通过对对外汉字字义系统进行大规模和较为系统的描述，具备更强的系统性，有益于促进对这一问题的全面认识。

1.3.4 研究意义

（1）汉字是因义构形的符号，汉字的义跟汉字的形有紧密的联系，其形体或直接或间接地反映语言单位的意，通过建立分场字库能够提高学生对汉字字形的认知。

（2）通过分场，引导学生去摸索、感受汉字的规律、理据和文化内涵，培养学生对汉字的兴趣，提高对外汉字的教学效率。采用系统论的方法，将对外汉字织入一张成系统的网内，帮助学生迅速扩大字量。

（3）探索从整体到部分的对外汉字教学方法的可行性，进一步丰富完善对外汉字教学理论。

（4）利用分场字库编写实用、科学的对外汉字教学教材，编写对外汉字教学词典（包括电子词典）。

（5）组字成词，通过分场字库的建设提高词汇的学习，为下一步建立词场打下基础。

第二章 《对外汉字教学字库》和《对外汉字教学分场字库》的建设

对外汉字教学是一个系统工程，要在有限的学习时间内分级教授所有学生应该掌握的汉字。我们将对外汉字教学所要教授的所有汉字标注有关信息建成字库，并在此基础上通过一系列原则进行分场，建设《对外汉字教学分场字库》，以便能够系统、便捷地教授相关汉字。

2.1 《对外汉字教学字库》的建设

2.1.1 《对外汉字教学字库》建设原则

根据以下原则我们建立了《对外汉字教学字库》。

1）封闭性原则

专用于对外汉字教学的字表很少，据我们了解，目前常用的只有《汉语水平词汇与汉字等级大纲》和《高等学校外国留学生汉语教学大纲》上的字表。《汉语水平词汇与汉字等级大纲》于 1992 年由中国国家汉语国际推广领导小组办公室发布，在对外汉语教学中发挥了重要作用。但是随着时代的发展，《汉语水平词汇与汉字等级大纲》的不足也逐渐体现出来。这样，我们选用《高等学校外国留学生汉语教学大纲》（后面简称《教学大纲》）字表。该《教学大纲》也是由国家对外汉语教学领导小组办公室编写，是为来华长期进修的留学生制定的，旨在明确对外汉语长期进修教学的性质和特点，规定其教学目标、等级结构、教学内容、教学原则，并对教学途径、教材编选以及测试进行指导，是规范对外汉语长期进修教学工作的大纲。《教学大纲》有词汇表、汉字表、语法项目表和功能表四个附表，其中汉字表共收入 2561 个汉字，其中初等阶段汉字 1414 个，中等阶段汉字 688 字，高等阶段汉字 459 个。我们将这些字录入数据库，根据教学经验和实践需要，标注相关属性，形成一个封闭域，在此基础上进行定性定量研究。

2）一字一义原则

《高等学校外国留学生汉语教学大纲》2561个汉字在《新华字典》里共有8218条义项，平均每个汉字有3.21个义项，最多达32个义项，要使每个汉字的义项都讲解清楚一是不大可能，二是没必要。这样我们就有必要按照汉语字典义项排列原则来处理。语文字典，特别是大型语文字典的义项一般是根据由本义到派生义，再到借用义的顺序排列的。《新华字典》在编纂时遵循“释义时尽量不用互训，常用义在前、非常用义在后，解释的后面要举例”的原则，因此我们只选取第一个义项，一字一义，一音一义，方便分场。

3）一音一义原则

汉字是音义的结合体，不同的音往往意味着是不同的意义，分属不同的义场。我们把同形但不同音的字，分别立条，如，“背东西”的“背”和“虎背熊腰”中的“背”，读音分别是bēi和bèi，代别不同的意义，我们立为两条。

4）标注属性全面原则

对外汉字教学涉及汉字的方方面面，在汉字数据库建设时我们按照尽可能全面的原则，设置“拼音、笔顺、笔画、释义、字场符号标记、本义、语素性、声符、形符、偏旁、部件、频率、甲级词、乙级词、丙级词、丁级词、例句、习题”等18个属性段建成《对外汉字教学字库》，以便于后续教学。其中字场符号标记采用《同义词词林》标记体系和符号。

根据这些原则我们建成了包含2977条信息的《对外汉字教学字库》。

2.1.2 《对外汉字教学字库》的各个属性

1）拼音

汉字是形音义一体化的文字符号，读音有区别意义的作用，能决定其所属的字场和语素性等，比如“的”读“de”“dì”和“dí”；“了”读“le”和“liǎo”意义就不相同。

2）笔顺

笔顺就是汉字笔画的书写顺序，一般是先横后竖、先撇后捺、从上到下、从左到右、先进后关、先中间后两边、从外到内等。如“仗”，笔顺为丿，丿丨，丿丨一，丿丨一丿，丿丨一丿㇏。笔顺在一定程度上关系到书写的速度和字形的好坏，对对外汉字教学有着重要作用。

3）笔画

笔画是汉字书写时不间断地一次连续写成的一个线条，它是汉字的最小构成单位，可分为横折、横、竖、竖钩、撇、点，这几类，具体细分可达 40 种，是教授汉字的基础。

4）释义

释义即解释汉字的意义，直接决定了汉字的分场。我们对字库汉字的释义采用《新华字典》里的释义，通过电子版《新华字典》直接与字库里的字进行匹配分条。

5）字场符号标记

字场符号标记是语义分类信息的标记代码，是字库的核心信息。我们在建设《对外汉字教学字库》时，以梅家驹等人编的《同义词词林》的语义分类标准和框架为基础，根据实际情况有所增加。《同义词词林》在“以词义为主，兼顾词类，并充分注意题材的集中”（《同义词词林·自序》，P3）的分类原则指导下，将汉语的字词语义分为具有层级体系的三级类别，首先分出大类 12 个（用大写 A、B、C……表示），各个大类内部又按词义之间的同义程度分出若干中类，12 个大类共分出 94 个中类（在大类字母后用小写 a、b、c……表示），各个中类内部进一步按词义之间的同义程度分出小类，94 个中类共分出 1428 个小类（大类、中类字母之后用数字 01、02、03……表示）。这个分类标准和分类体系从它自身的分类、归类实践以及我们对汉字语义归类的实践来看是可行的。但在归类中，我们发现“天干地支”类、“有机物、无机物”类、“非金属元素”类、“八卦”类、“语法范畴”类、“词缀”类等六类字无法归入现有的类中，故增加了六个小类，按《同义词词林》的分类体系分别归入第三大类的第一中类、第二大类的第一中类、第二大类的第十三中类、第四大类的第九中类、第四大类的第十一中类、第十一大类第四中类中，分别标记为 Ca32、Ba11、Bm19、Di27、Dk33、Kd06。这样《对外汉字教学字库》的语义分类体系就分为 12 大类、94 中类、1434 个小类。在这个分类体系中从“大类”到“中类”再到“小类”体现的是字词语义的上下位关系，而每一类内部体现的是字词之间的同义或反义关系。在这种描述框架指导下，我们的《对外汉字教学字库》实际上构筑了汉语字词的语义网络关系。

6）本义

本义是指词语的本来的意义，即最初含义，它最能体现造字规律，较引申义更容易分场，更容易对外教授。

7）语素性

对外汉字教学字库继承了亢世勇教授《现代汉语语法信息词典》词的分类标准和词类体系以及词类标记。划分词类的标准是语法功能，词类体系及标记（括号内的大写字母为词类标记）如下：名词（N）、时间词（T）、方位词（F）、处所词（S）、动词（V）、形容词（A）、状态词（Z）、区别词（B）、副词（D）、代词（R）、数词（M）、量词（Q）、介词（P）、连词（C）、助词（U）、语气词（Y）、象声词（O）、叹词（E）。

在继承了前人的分类标准和词类体系以及词类标记的基础上，《对外汉字教学字库》又有其特殊之处，因为我们收录的对象是字。字有的是词，有的不是词；有的在某些义项上是词，而在另一些义项上不是词；当其不是词时，又有能否单独表示意义的差别。能单独表示一定意义的是语素，不能单独表示意义的是非语素字。语素又可按照构词能力分为词根语素和词缀语素。词根语素根据在构词中的功能及其所表示的意义进一步分为若干类。词缀语素根据在构词中出现的位置又可分为前缀、后缀，根据所构成的词所属的词类又可分为名词词缀、动词词缀等。对这些差异进行区分，也是《对外汉字教学字库》关注的一个重点。根据以上分析及我们的《汉字义类信息库》的标注实践，又补充了以下类别及相应的标记。我们的指导思想是将以上多种差别用一套符号标记出来，各类别后括号里的符号为该类别的标记。

名词语素（Ng）、时间词语素（Tg）、方位词语素（Fg）、代词语素（Rg）、数词语素（Mg）、动词语素（Vg）、形容词语素（Ag）、状态词语素（Zg）、区别词语素（Bg）、副词语素（Dg）、名词前缀（Nh）名词后缀（Nk）动词后缀（Vk）、形容词后缀（Ak）、方位词后缀（Fk）、副词后缀（Dk）、非语素字（X）、偏旁（L）。有些字主要作姓名、地名、山名、河流名等用，我们将“姓名”分为一类，标记为“Nr”；将地名、山名、河流名归为一类，标记为“Ns”。

综合以上分析，本文所讲的词性信息实际上包含了词类、语素类、人名、地名等信息，共三个部分 37 类。

8）声符

汉字形声字的表音部分，也称声旁。可以类推同声符字的读音，在对外汉字拼间教学中有重要作用。

9）形符

也称形旁或义（意）符，合体字的一个部分，与声旁相对，具有相对稳定性和不可分割性，是作为象形符号使用的，通过自己的形象来起到表意作用，也可用于汉字编码的码元。

10）偏旁

偏旁，是指对合体字进行切分后得到的某个部分。以前称合体字的左方为“偏”，右方为“旁”；现在把合体字的组成部分统称为“偏旁”。位于字的左边，叫“左偏旁”；位于字的右边，叫“右偏旁”。

11）部件

部件指汉字合体字中由一个以上的笔画构成的可以独立书写的组字单位。大部分的汉字是由若干组笔画结构拼合而成的，这些相对独立的笔画结构称为部件。部件是大于基本笔画（例如：点、横、撇、捺等）而小于或等同于偏旁的结构单位。例如「测」字有三个部件：“氵”“贝”和“刂”。部件不一定具有读音和意义。

12）频率

在一份给定的文件里，词频指的是某一个给定的词语在该文件中出现的次数。如我们可以通过对已经标注信息的韩国留学生语料库进行词频统计，以发现教学中的难点。

13）甲级词、乙级词、丙级词、丁级词

《汉语水平词汇与汉字等级大纲》收词 8822 个，由易到难分甲、乙、丙、丁四个等级，其中甲级词 1033，乙级词 2018，丙级词 2202，丁级词 3569。通过汉字关联甲、乙、丙、丁四个等级词的情况，确定汉字教学顺序。

14）例句

我们从已经标注信息的韩国留学生语料库抽取例句作为教学例子，更加真实地反映出学生对汉字的掌握情况。

15）习题

从 HSK 抽取相关字场的考题，以增加字库的实用性，将研究成果直接应用于考试实践。

2.2 《对外汉字教学分场字库》的建设

在《对外汉字教学字库》建成的基础上，我们借鉴《同义词词林》(下面简称《词林》）语义标记符号对所有汉字进行了大中小类标注，最后完成适用于教学的《对外汉字教学分场字库》。

2.2.1　标注《词林》义类

设计程序，按照《词林》的语义分类体系和符号体系（见图 2-1）给《对外汉字教学字库》每个汉字打上相应的义类标记。

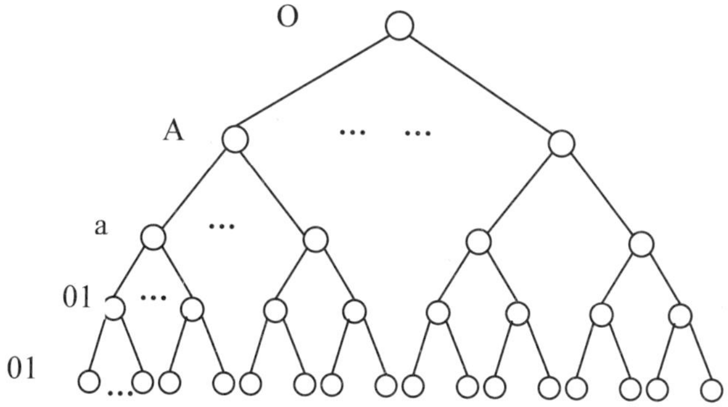

图 2-1　词林体系示意图

对《词林》中的义类进行选择，主要有三条依据，分别是大类、词群和标题词。这三个依据的优先度有所不同，或者可以说是有逻辑先后顺序的。先用语义类符号来区分；区分不开的，再借助后面的词群帮助判定；极个别的动词，或许经过前两步仍不能选择出合适的义类，那么就查看《词林》中该词群的标题词。

对于人名我们全标为 Aa05，数量短语有特定指代时则标为 Ed61，对于《词林》没有的词我们采取最大相近度的原则，即通过寻找近义词和反义词义类来标记，不能找到的，我们再运用词汇相似度公式进行计算，然后标注。

2.2.2　建立《对外汉字教学分场字库》

在借鉴《同义词词林》标注语义标记符号的基础上，我们采用下面原则进行调整，最后完成适用于教学的《对外汉字教学分场字库》。

1）一字一场原则

一字一义和一音一义原则就是为了保证一字一场。无论是《同义词词林》还是 WORDNET、HOWNET 都是一字多场。根据我们的教学经验，对于初学汉字的外国学生，在初学阶段这种错综复杂的分场显然是不利于掌握的，所以一字一场是一个比较好的选择，在高级阶段再延伸扩展成一字多场是比较合适的。

2）非语素字单独成场原则

非语素字是指只有读音，单独没有意义的字，如“葡”“垃”“蝴”“咖”等，在《新华字典》中的翻译多用加字在[ ]中形成一个词的方式进行，这些字形成词的功能比较单一，一般都是和另外一个或两个同性质的字合在一起代表一个语素或词。我们单独设立一个义场，用 St 表示。

3）量少归多，量多拆分原则

我们完全按照《同义词词林》分场，大类分可以分为 12 个，中类分为 91 个，小类分可以分为 929 个，各类数量多少不均。从汉字教学实践来看，每个场的汉字数量应该尽可能适中，最好不要出现一两个字组成一个场的现象，也最好不要出现一个场好几百个字的现象，这两种情况都不利于教和学。我们以中类为基础，根据教学需要，按照语义相邻、意义调整、事件情景等原则对量少的进行合并，量多的进行适当拆分，最后形成 147 个适用于教学的字场。

2.2.3 《对外汉字教学分场字库》概况

我们以《高等学校外国留学生汉语教学大纲》汉字表中 2561 个汉字为基础，通过标注属性，以中类为基础，根据教学需要，按照语义相邻、意义调整、事件情景等原则对量少的进行合并，量多的进行适当拆分，最后建成《对外汉字教学分场字库》，包括 12 个大类场，分别是：人、物、时间与空间、抽象事物、特征、动作、心理活动、活动、现象与状态、关联、助语、非成词语素；91 个中类场，包括：泛称、男女老少、体态、职业、身份、状况、亲属、关系、品性、才识、信仰、丑类、统称、拟状物、物体的部分、天体、地貌、气象、自然物、植物、动物、全身、排泄物分泌物、材料、建筑物、机具、用品、衣物、食品药品毒品、时间、空间、事情情况、事理、外貌、性质、性格才能、意识、比喻物、臆想物、社会政法、经济、文教、疾病、机构、数量单位、外形、表象、颜色味道、性质、德才、境况、上肢动作、下肢动作、头部动作、全身动作、心理状态、心理活动、能愿、政治活动、军事活动、行政管理、生产、经济活动、交通运输、教卫科研、文体活动、社交、生活、宗教活动、迷信活动、公安司法、恶行、自然现象、生理现象、表情、物体状态、事态、境遇、始末、联系、异同、配合、存在、影响、疏状、中介、联接、辅助、呼叹、拟声、不成词语素；147个教学场，分别为：人人民众人、你我他、男女老少、职业、身份、才识品性、亲属、人物关系、物物体、拟状物、物体部分、天体、地貌、气象、自然物、植物、动物、全身、排泄物分泌物、材料、建筑物、机具、用品、衣物、食品药品毒品、时间、空间、事情情况、事理、外貌、性质、系统种类结构次序行列、表面实质标准榜样界限限度力气力量能量、名称姓名生肖性别、性格才能、意识、臆想物、社会政法、经济、文教、疾病、机构、数量单位、外形、多少单双、密疏完整残缺紧松、硬软烂脆牢韧浓稠黏稀、重轻锋利钝生熟、亮暗清澈浑浊、远近快慢、长久短暂、冷热凉暖、凉爽闷气干燥潮湿滋润、新旧美丑光滑粗糙雌雄、老小病残、颜色味道、真假好坏、杰出空前异常普通、难易正确错误合理无理、猛烈尖锐柔和固定、盛大深厚稳固强大弱小伟大渺小、尊卑昂贵便宜、必要多余亲疏松紧外来国产公私总分、单纯复杂重叠琐碎简单详细广博贫乏、正常反常公开秘密顶用无用恰当失当、这个那个某个各个其他何、善良仁慈凶恶阴险诚实刁滑势利真诚虚伪、忠奸安分放肆果断坚强勇敢怯懦、聪明愚笨糊涂机智鲁钝能干无能、熟练生疏积极消极节约奢侈、恭敬简慢谦虚自卑严格宽大严明偏心、太平安定动荡混乱繁荣萧条热闹拥挤、清洁肮脏整齐杂乱、富裕小康贫穷、打拍抚摸搔摸拉推拖、扛挑抬背举捧、掀压撑拿撮揪挎夹、搀挽抱拔摘剥撕抽、折掰挖剔钳填埋、塞插嵌衬铺盖掀捋、扔接拾松手包装卷、捆拴扣打结绞绕穿戴佩戴、穿戴佩戴脱解拆、涂贴洗扫擦、磨揉捻捞舀灌汲、筛滤搅拌搀和掭、切削割剪刻砍刮、戳刺碰开关、搬动摇动抖动挥动拨动、下肢动作、头部动作、全身动作、心理状态、心理活动、能愿、政治活动军事活动、行政管理、生产、经济活动、交通运输、教卫科研、文体活动、交际处世、等候驱逐祝贺邮寄、讲话谈天表达阐明告诉通知嘱咐、露面出面代替问答对质、隐瞒保密责备批评过问请求委托、赠送赠答交取借归还交换、感谢道歉协商订约答应拒绝鼓励劝告、帮助照顾抚养、遵守违背称赞耻笑争吵、欺骗捣鬼打搅阻拦、引逗怂恿指使强迫恐吓欺负、生活居住停留迁移度过、工作做从事参加担任、担任挑选观察比较辨别判断使用、称量计算、合并分开、起床睡觉休息乘凉梳妆、携带跟随逃跑躲藏寻找储藏、缝纫晒熨点灯烧火加热、烹饪品尝会餐游戏游览、婚丧嫁娶、来去出进前进后退、宗教活动、迷信活动、公安司法、恶行、自然现象、生理现象、表情、物体状态、事态、境遇、始末、联系、异同、配合、存在、影响、疏状、中介、联接、辅助、呼叹、拟声、不成词语素。具体分布见表2-1。

表 2-1 《对外汉字教学分场字库》具体分布情况

大类	中类及数量		大类	中类及数量	
人	泛称	22	特征	外形	53
	男女老少	12		表象	121
	体态	1		颜色味道	21
	职业	8		性质	107
	身份	14		德才	61
	状态	2		境况	31
	亲属	29	动作	上肢动作	207
	关系	11		下肢动作	33
	品性	2		头部动作	46
	才识	1		全身动作	21
	信仰	1	活动	政治活动	4
	丑类	1		军事活动	17
物	统称	17		行政管理	43
	拟状物	18		生产	40
	物体部分	16		经济活动	29
	天体	5		交通运输	23
	地貌	28		教卫科研	38
	气象	11		文体活动	13
	自然物	40		社交	136
	植物	66		生活	119
	动物	39		宗教活动	3
	全身	89		迷信活动	1
	排泄物分泌物	9		公安司法	12
	材料	29		恶行	10
	建筑物	66	心理活动	心理状态	41
	机具	44		心理活动	57
	用品	78		能愿	8
	衣物	22	现象与状态	自然现象	20
	食品药品毒品	24		生理现象	46

续表

大类	中类及数量		大类	中类及数量	
时间与空间	时间	40		表情	13
	空间	56		物体状态	102
抽象事物	事情情况	35		事态	18
	事理	8		境遇	33
	外貌	17		始末	18
	性质	44	关联	联系	6
	性格才能	9		异同	14
	意识	13		配合	5
	比喻物	1		存在	28
	臆想物	8		影响	19
	社会政法	35	助词	疏状	63
	经济	14		中介	20
	文教	38		连接	5
	疾病	6		辅助	22
	机构	9		呼叹	20
	数量单位	78		拟声	9
不成词语素	不成词语素	105			

第三章　汉字分场教学法效果实证研究

为了检验分场汉字教学法的效果，我们用一个学期的时间做了一个对比试验教学。对两个零起点的班分别进行一个学期的分场式汉字教学法和常规汉字教学法（指不进行分场汉字教学，遇到什么字就讲什么字），两个班所教的汉字都是相同的，只是教学方法有所不同。学期结束以后，通过配额抽样的方式从两个班中各选取了 15 名被试者（每班各含 5 名韩国学生、5 名日本学生、一名美国学生、两名俄罗斯学生、一名德国学生、一名澳大利亚学生）组成两组，第一组是使用分场式汉字教学法的学生，第二组是使用常规汉字教学法的学生。通过测试的方式考查两组学生的汉字成绩，然后通过数据分析来看两种汉字教学法的教学效果有没有显著性差异。

3.1　研究问题与假设

研究问题：对于使用不同汉字教学方法的学生，他们的汉字成绩是否存在差异？

研究假设：针对上面这一问题，我们可以有两种假设：

H_0：μ 汉字分场教学法=μ 汉字常规教学法

H_1：μ 汉字分场教学法≠μ 汉字常规教学法

这里的 μ 代表总体平均数，零假设是两组平均数之间没有显著差异，研究假设是两组平均数之间有显著差异。我们把显著水平设置为 $\alpha=0.05$。那么如果检验结果为 $\rho\leqslant 0.05$，我们拒绝零假设，接受研究假设，认为汉字教学法对汉字成绩有显著影响。如果 $\rho\geqslant 0.05$，我们不拒绝零假设，认为汉字教学法对学生的汉字成绩没有显著影响。

3.2　研究步骤

采取测试方式。试题包括三道大题，第一道是给出学生所考汉字，让他们看五分钟，然后听写，考查的是字形，共听写 20 个汉字，满分 20 分。第二道题是听意思写单词或者汉字，考查的是字义，共 10 题，满分 10 分。第三道题是 HSK 题型和场景题，考查汉字跟现实生活及其他字场的融合度。共 20 题，满分 20 分。两组得分见表 3-1、表 3-2（S 为分数）。

表 3-1　第一组被试者分值表

组 1	1	2	3	4	5	6	7	8	9	10	11	12	13	14	15
S_1	18	19	16	19	19	15	18	20	16	16	12	14	12	18	13
S_2	9	10	10	8	7	6	8	9	9	7	7	6	8	7	5
S_3	16	18	18	14	18	14	16	18	16	20	20	18	16	18	20
$S_{总}$	43	47	34	41	44	35	42	47	41	43	39	38	36	43	38

表 3-2　第二组被试者分值表

组 2	1	2	3	4	5	6	7	8	9	10	11	12	13	14	15
S_1	17	18	14	13	14	12	9	8	10	11	4	8	6	10	8
S_2	8	7	10	6	5	8	6	4	8	6	5	9	8	7	3
S_3	12	14	12	8	10	16	18	8	6	12	14	18	14	10	8
$S_{总}$	37	39	36	27	29	36	33	20	24	29	23	35	28	27	19

3.3　SPSS 输出结果解读

为了考查两组同学在每一道大题上的学习效果，我们先分三次对各大题进行了独立样本 t 检验，然后对两组被试的总分进行了独立样本 t 检验。t 检验结果能精确展示出两组被试的平均分数差异及分数的离散程度。

将 30 位同学第一题得分输入 SPSS，进行独立样本 t 检验分析，结果见表 3-3、表 3-4。

表 3-3　两组被试者第一题群组统计资料

	组别	N	均值	标准差	均值的标准误
第一题分数	1	15	16.33	2.664	0.688
	2	15	10.80	3.913	1.010

表 3-4　两组被试者第一题分值独立样本检定

		方差方程的 Levene 检验		均值方程的 t 检验						
		F	Sig.	t	df	Sig.（双侧）	均值差值	标准误差值	差分的 95% 置信区间	
									下限	上限
第一题分数	假设方差相等	1.808	0.190	4.527	28	0.000	5.533	1.222	3.030	8.037
	假设方差不相等			4.527	24.680	0.000	5.533	1.222	3.014	8.052

第一道题独立样本 t 检验分析显示，第一组被试平均分数比第二组高 5.53 分，第二组的标准差为 3.913，大于第一组的 2.664，说明第二组数据离散程度高。方差齐性检验结果的显著性为 0.190，大于 0.05，因此方差呈齐性。方差相等汇报结果显示，使用不同汉字教学法的两组学生汉字成绩有显著差异，（t=4.527，df=28，$P < 0.05$），可见使用汉字分场教学法的第一组学生的汉字听写成绩明显高于第二组使用常规汉字教学法的学生。

同样，将 30 位同学第二题、第三题得分输入 SPSS 进行独立样本 t 检验分析，第二题独立样本 t 检验显示，两组被试学生的平均分数相差 2.53 分，第二组标准差为 1.457，高于第一组，说明第二组数据离散程度较高。方差齐性检验结果的显著性为 0.398，大于 0.05。方差相等汇报结果显示，使用不同汉字教学法的两组学生第二组成绩有显著差异，（t=5.452，df=28，$P < 0.05$），使用汉字分场教学法的第一组学生的汉字语义考查成绩明显高于第二组使用常规汉字教学法的学生。

第三题独立样本 t 检验显示，第一组与第二组的平均分数相差 6.26 分，第二组的方差为 2.815，高于第一组，说明数据离散程度高，组内学生分数差别大。方差齐性检验结果的显著性为 0.125，大于 0.05。方差相等汇报结果显示，使用不同汉字教学法的两组学生第二组成绩有显著差异（t=7.086，df=28，$P < 0.05$），使用汉字分场教学法的第一组学生的第三题成绩明显高于第二组使用常规汉字教学法的学生。表格一显示，第二组的标准差较大，且平均分数较低，这说明第二组学生之间也存在巨大差别。

30 位同学总分输入 SPSS 进行独立样本 t 检验，结果见表 3-5、表 3-6。

表 3-5　两组被试者总分值群组统计资料

	组别	N	均值	标准差	均值的标准误
总分	1	15	42.07	2.987	0.771
	2	15	27.73	5.688	1.469

表 3-6　两组被试者总分值独立样本检定

		方差方程的 Levene 检验		均值方程的 t 检验						
		F	Sig.	t	df	Sig.（双侧）	均值差值	标准误差值	差分的 95% 置信区间	
									下限	上限
总分	假设方差相等	3.407	0.076	8.641	28	0.000	14.333	1.659	10.935	17.731
	假设方差不相等			8.641	21.177	0.000	14.333	1.659	10.885	17.781

第一组同学与第二组同学的总分数进行独立样本 t 检验的结果显示，两组同学在这次测验中总平均分数相差接近 15 分，差别较大，且第二组总标准差为 5.688，远远高于第一组的 2.987，说明第二组数据离散程度高，分布不平均。对总分的独立样本 t 检验结果显示，方差齐性检验结果显著性为 0.076. 大于 0.05。方差齐性条件下汇报结果显示，使用不同汉字教学法的两组被试总成绩有显著差异，（t=8.641，df=28，P < 0.05），使用汉字分场教学法的第一组学生的总成绩明显高于第二组使用常规汉字教学法的学生。

上述独立样本 t 检验结果表明，无论是每道大题的成绩还是总成绩，两组被试之间都存在显著差异，说明两种教学方法效果差别明显。其中两组被试在考查语义知识与现实情境融合度的第三道大题上平均分差别最大（相差 6 分多），说明常规汉字教学法在语义部分重视不够。根据数据分析结果我们拒绝零假设，接受研究假设 H_1：μ 汉字分场教学法≠μ 汉字常规教学法，即汉字分场教学法与常规教学法效果存在显著差异，汉字分场教学法的效果要明显高于常规汉字教学法。为此，我们以此为思路，选择对外汉字教学最常用的场进行研究。

第四章　“人场”对外汉字教学研究

“人场”中共有 104 个汉字，主要是名词。统计结果显示整体上的偏误率不高，基本都在 0.05 ~ 0.1 左右，有少数汉字的偏误率在 0.05 以下或 0.2 以上。其中偏误率最高的是“姆”——0.35，最低的是“朋”——0.0052。从汉字等级来分，初级汉字 66 个，中级汉字 25 个，高级汉字 13 个。分场结果将这 104 个汉字分成 7 个教学场，分别是：人、人民、众人；你我他；男女老少；职业身份；才识、品性；亲人、眷属；人物关系；本章选取“身份”“职业”和“泛称”场（泛称场中包括“人、人民、众人”和“你我他”）进行了详细研究。

4.1　“身份场”概况

分场结果显示身份场中一共有 14 个汉字，初级有 6 个，分别是“士、顿、汗、后、皇、冒”；中级有 5 个，即“姆、氏、王、官、僚”；高级有“仆、辟、魁”3 个汉字。从语料库统计的频率来看，身份场中的大部分汉字出现频率较低，因为这些汉字的身份义是由古代汉语流传下来的，而随着社会的发展，有些身份出现频率减少甚至逐渐消失，如“顿”“皇”“汗”“冒”“王”；有些身份字含义则发生了变化，如“士”“官”；有些身份可以用新词来表示，如身份“姆”只见于“保姆”。语料库显示，“后、王、冒”等汉字出现频率较高，其中“后”字出现频率最高，达 13 006 次，但其主要意义已经发生变化。结合出现频率和 HSK 真题，我们发现身份场汉字使用频率不高，正是因为不常用的缘故，所以留学生在使用过程中出现的偏误率较高，尤其是“姆”“皇”“冒”“魁”等字，在书写过程中易出现不规范字或者别字。

4.1.1　“身份场”相关研究

有关对外汉语身份场教学研究并不多，大多是对于现代汉语身份词的研究，尤其是对于特定领域比如对于商务领域职务身份词的研究，对于身份场字本位方面的研究以及身份场外汉语教学方面的研究较少。

周艳丽（2009）在《汉语用身份称谓表达对称方式探析》一文中以古代汉语、近代汉语和现代汉语三个时期的著作《世说新语》《水浒传》《茶馆》等为语言材料，对汉语用身份称谓表达对称的形式研究有沿袭，也有创新，其中传达的信息既有对被称呼者社会地位和身份的肯定和尊重，也有“官本位”思想的反映。

张瑜（2016）在《名副其实的职务身份词——物性结构下的职务身份词词义理据探析》一文中借助物性结构理论对汉语职务身份词的词以理论进行分析，发现职务身份词的理据主要有功用角色、形式角色、施成角色三类，缺乏构成角色。

4.1.2 “身份场”汉字在 HSK 词汇等级大纲中的分布

在 HSK 词汇等级大纲中含有身份场汉字的词较少，因为像“冒”“顿”“氏”等身份随着历史的发展已经消失；此外，像“后”“官”等汉字的词义有所变化和发展，不单指身份，因此也会构成其他意义的词。与其本义和引申义有关的词中：

在 HSK 词汇等级一级、二级、四级大纲中没有涉及。

三级：博士、护士、硕士。

五级：女士、士兵、皇帝、皇后、王子。

六级：保姆、打官司、官方。

有些包含身份场汉字的词语与其本义引申义无关。

一级：后面。

三级：然后、以后。

四级：后悔、后来、最后。

五级：后果、落后。

六级：后代、后顾之忧、后勤、空前绝后、器官。

值得注意的是，随着社会的发展，虽然像“王”“后”等字的本义在中国已经不常用了，但是“国王”“王后”“王妃”“王子”“皇子”“王储”“天皇”等称谓在君主制的国家依旧存在，另外，由于“王”“后”“帝”等身份的高不可越的象征义，也出现了诸如“影后”“影帝”“歌后”“赌王”“四大天王”“跳水皇后”“体操王子”等称呼，教师在教学过程中也应该针对这类词语进行适当的补充扩展。

4.1.3 “身份场”在 HSK 中的考查点

身份场汉字在 HSK 考试中出现的频率总体较低，针对性的考查也较少。其中，“后”“王”虽然常有出现，但是其意义已发生变化，不再表示身份。“后”多表示以下意思：① 表示指空间在背面、反面的，与“前”相对：~ 窗户；~ 面；~ 缀。② 时间较晚，与“先”相对：以 ~；~ 福；~ 期。③ 指次序，与“前”相对：~ 排；~ 十名。而“王”在 HSK 中经常以姓氏的形式出现。“魁”字则多以“罪魁祸首”这个成语的形式出现。而“士”字常与其他汉字组合，以词的形式出现，如“护士”“士兵”“硕士”。尤其需要注意的是，听力中会出现通过对话判断说话者之间关系的题型，如：

男：小姐，您好，您想买什么家具？需要我为您介绍一下吗？

女：谢谢，我想买沙发。有蓝色的吗？

问：男的和女的是什么关系？

A. 店员与顾客　　　B. 老板与员工　　　C. 朋友

因此在身份场教学中要给学生强调面对不同身份的人话语特点也各不相同。

4.1.4 教学思路

1）由易到难，有所侧重

教师可以将身份场汉字分为不同的等级，按照由易到难的顺序教授。同时根据汉字的使用频率进行有侧重性的讲解，常用汉字以及意义有引申的要着重讲解（比如“官、后、僚、士”），而不常用的生僻字可以只做一个大致的了解（比如“氏 zhī、顿 dú、汗 hán”）。此外，身份场汉字又可以按照意义进行归类，分为更小的场，比如“顿 dú、汗 hán、后、王、冒 mò、氏 zhī”等汉字可以归到“皇帝、后妃”场中，“官、僚”可以归到“官吏场”中，这样分类可以使知识更具系统性。

2）结合历史

身份场汉字多是从古代汉语中继承下来的，其身份意义与中国古代历史密切相关，可以结合中国古代历史进行汉字教学，激发学生的兴趣。比如可以让学生观看某些热播的历史剧如《芈月传》和《甄嬛传》等，让他们带着问题观剧，了解中国不同历史时期君主及后妃的称谓。

3）古今形音义对比

身份场汉字经过历史的演变，很多字的意义都已发生变化。在分场教学中可以从古今对比的角度，归纳总结一下身份场汉字中哪些字已经变得不常用（比如“氏 zhī”“顿 dú”“汗 hán”），哪些字意义已经发生变化（比如“僚”“士”），以及哪些字意义没有很大变化（比如“姆”）。

4）适时补充与身份场相关的词语

除了前面所说的“王”“后”等以外，还有诸如“官方”“官场”“翻译官”“外交官”等词语也应补充，这样才能做到古今结合。

4.2 “职业场”概况

分场结果显示，职业场中共包含 8 个汉字。其中初级占绝大多数，共有 7 个，分别是“会（kuài）、工、师、医、价（jiè）、将（jiàng）、脚（jué）”。高级汉字只有一个“伶”，中级汉字在职业场中并没有出现。在职业场中，我们又分了几种小类：职工、职员，工人，邮递员、门房，军官、将士、军人、士兵，教师、学生，医生、助产士、护士，演员、琴师、剧团人员等类。从语料库统计的频率来看，初级汉字出现频率远高于高级汉字，而在初级汉字中，“会”出现的频率最高，为 8865，其次是“工”和“师”，两者的出现频率分别为 4673、3959。高级汉字“伶”的出现频率仅为 5。再从汉字偏误率来看，偏误率最高的是“医”，偏误率为 0.1323；最低的是“伶”，偏误率是 0。总体上来说，职业场中的汉字偏误率整体较低。结合频率和 HSK 真题，我们发现几乎每个等级的 HSK 考试真题中都有考查职业名称的题，或是听力，或是阅读。所以无论是为了 HSK 等级考试还是留学生的日常交际，职业场的教学都应该被十分重视。

4.2.1 “职业场”汉字在 HSK 词汇等级大纲中的分布

HSK 词汇等级大纲中包含“职业场”汉字的词语不太多，有：

一级：工作、老师、医生、医院。

四级：工具、工资、律师、师傅。

五级：会计、打工、工厂、工人、工业、工程师、手工、角（脚）色。

六级：罢工、工夫、工艺品、加工、人工、将军、伶俐。

HSK 二级和三级中没有涉及职业场中的汉字。

在上述词语中，“伶俐”一词已经完全脱离了职业场中汉字的意思，“伶俐”中的“伶”不再是指以唱戏为职业的人。

4.2.2 “职业场”相关研究

对外汉语研究中关于职业场中汉字的研究并不多见，下面几篇论文分别选取了不同的职业，并对该职业的特点进行针对性的研究，使我们对这些职业有更深入的了解。

戴天晟（2003）在《警察职业特点与警察心理应激反应及警察身心健康的探究》一文中，从警察这一特殊职业群体的特点入手，分析警察心理应激反应的特点及其危害性，从而提出有助于解决此类问题的对策。

佟月华（2005）在《美国学校心理学家职业特点分析》一文中从学校心理学家的界定，工作角色与职责，服务机构、对象与内容以及学校心理学家的培养等方面对美国学校心理学家的职业特点进行分析。了解和研究美国学校心理学家的职业特点分析对构建我国学校心理健康教育体系具有实践指导意义。

庞海芍（2006）在《高校教师职业特点及激励机制研究》一文中提出，教师职业具有工作以脑力劳动为主、劳动成果难以衡量、工作自主性大、社会地位较高等特点。

张翼、陈彤（2008）在《浅谈教师职业特点与教师职业倦怠》一文中通过对教师职业的特征的分析，指出造成教师职业倦怠的原因，从而提出克服教师职业倦怠的对策。

昝伟峰（2009）在《基于职业特点和需求的医生激励机制构建》一文中，通过对医生职业特点和需求的分析，构建起医生激励机制的模型。

侯风华、黄莉、颜峻、赵莹（2012）在《高校学报编辑的职业特点和素质要求》一文中，在分析高校学报编辑职业特点的基础上，总结出学报编辑与一般编辑不同的素质要求。

张建、王庆敏、李明皋、沈俊、朱伟、刘秋红、万辉（2012）在《外军航母舰载机飞行员职业特点分析》一文中对航载机飞行员的职业特点进行了深入的分析。由于舰载机装备的特殊性、航母甲板平台的特殊性、海上环境的特殊性和航母生活条件的特殊性，与陆基飞行员相比，航母舰载机飞行员具有明显的职业特点。

李四清、陈树、陈玺强（2014）在《中国京剧在海外的传播与影响——翻译与传播京剧跨文化交流的对策研究》一文中针对英语翻译对京剧在海外传播的有效性进行了实证考察，提出了促进中国京剧在海外传播和跨文化交流的对策。

4.2.3 “职业场”在 HSK 中的考查点

通过翻阅历年的 HSK 真题，我们发现等级考试对职业的考查大部分是在听力题中出现的，偶尔会在阅读题中出现。

1）听力题：

（1）男：这件事的经过就是这样。

女：从你说的来看，我觉得你没错。

男：我也觉得自己没错，但是前台经理说顾客都是对的。

女：我们找经理去，跟他把事情说清楚。

问：男的最可能是做什么的？

从“经理”和“顾客”我们可以推断出男的可能是“服务员”。

（2）女：你好，我去健康福利院。

男：好的。

女：请问从这到健康福利院远吗，要多长时间？

男：不远。15 分钟就到了。

问：男的是做什么的？

从女的问男的的问题中我们可以推断出男的是一名“司机”。

（3）男：这个周六你休息吗？一起去爬山吧。

女：最近医院特别忙，下周六吧。

问：女的最有可能是干什么的？

根据“医院”一词，我们可以推测女的可能是“医生”。

（4）女：喂，下了班我去接你吧。

男：不用了，下午不开会了，我给他们上完课就回去了。

女：那今天你做饭吧。

男：好啊，你想吃什么？我来做。

问：男的可能是做什么的？

根据“开会”“上课”进行综合推断，我们可以得出结论：男的可能是“教师”。如果留学生不能综合考虑，可能会出现只凭借“开会”推断男的是“公司职员”，或者是只凭借“上课”推断出“学生”的错误答案。

（5）女：叔叔，为什么我的肚子会疼呢？

男：你是不是吃了什么不干净的东西啊？

来，坐到椅子上，叔叔给你检查一下。

问：男的可能是什么人？（A）

A. 医生　B. 警察　C. 护士　D. 司机

从“肚子疼”和“检查”两个词中我们可以推断出男的可能是医生。

（6）女：妈妈，当年您为什么送我去当兵呢？

男：希望你有个好前途呗。

问：女的可能在哪工作？（C）

A. 医院　B. 报社　C. 军队　D. 学校

答案是“军队”。

（7）……王晓投入到了无偿献血者的行列中。当他第一次看到自己的200毫升鲜红的血液从身体汩汩流出时，心里十分欣慰，仿佛已经见到受血者转危为安的情景，也似乎分享到了病人家属的喜悦之情。能够拯救病人，能为公益事业做点贡献，献上自己的爱心，这使他非常自豪。自此，身为警务人员的他找到了为社会尽职，为人民服务的又一方式……

问：王晓是做什么工作的？（A）

A. 警察　B. 医生　C. 军人　D. 护士

答案是“警察”。从“警务人员”一词可以明确答案。但是在高级 HSK 等级考试中，听力的信息量非常大，需要留学生对关于职业的词语相当熟悉，并能准确抓住关键词。

（8）你到我办公室来一下，我得跟你谈谈，你最近好像经常迟到、而且上课时还不认真听讲。

问：说话人可能是（B）

A. 经理　B. 老师　C. 医生　D. 管理员

答案很明显是“老师”。

（9）大夫，中午我儿子去公司找我吃饭的时候还好好的呢，下午第一节课时他突然感觉胃很疼，你快给他看看吧！

问：他们现在可能在（D）

A. 饭馆　B. 公司　C. 学校　D. 医院

由“大夫”“胃疼”这两个词可以判断现在是在医院。

2）阅读题——看图造句：

参考答案：

a. 这些警察经常帮助我们解决难题。

b. 遇到困难的时候，我们可以找警察帮忙。

从上面的题目来看，考查职业的角度不外乎工作地点、工作用语、工作性质特点等。比如“司机”这一职业，经常说的话有“你好，您去哪？”“到……几分钟”之类的句子；再比如“医生”这个职业，比较明显的就是“开药”“头疼”“牙疼”“发烧”“药方”“检查”等词语。还有直接考查职业的办公地点，比如“办公室”“医院”等。

4.2.4 教学思路

1）急用先学

所谓的“急用先学”就是优先学习在日常生活中常用的知识。譬如高级汉字“伶”在职业场中的出现频率仅为5，显而易见，它很少出现在我们的日常生活中，而“师”“工”等比较常用。

2）注意多音字

在职业场中有几个汉字的发音是不常见的，最典型的就是“会计”的“会”。因为这个汉字有两个读音，一是kuài，一是huì，第二个发音是常用的，而第一个发音只有在特定的职业名称中才会出现，所以在教学的过程中要尤其注意。又如价（jiè）。

3）结合情景串联词语

通过历年HSK等级考试真题的分析我们可以看出：考查职业时，多通过场景对话来进行。例如：通过打车的场景考查“司机”这一职业。每个职业一般都会有它特定的场所，所以联系各个场所进行讲解。如：“工人”和“公司”“工厂”，“老师”和“学校”“工程师”和“公司”密不可分。

4）注意归纳总结职业相关活动词语

教师在课堂教学中应该及时给学生归纳不同职业所涉及的词语，帮助学生扩充词汇量。比如教师这个职业，相关的词语涉及教室、语音室、办公室等地点，也涉及日常的工作要求，例如预习、复习、考试、迟到、早退、旷课、监考、讲课等。同时还要注意每一个职业的替代说法，譬如教师这个职业经常被称为“站讲台的”，司机是“开车的”，还有诸如“坐办公室的”“唱戏的”“做饭的”“拿手术刀的”等等。只有教师给学生做好归纳总结才能让学生更好地掌握相关知识。

4.3 “泛称场”概况

分场结果显示，泛称场中共有 22 个汉字，该场中的汉字等级分布极不均匀，其中高级汉字只有 1 个“乃”；中级汉字有 4 个，分别是“黎、氓、尔、予”；初级汉字最多，有 17 个，分别是“人、们、民、员、者、咱、啊、你、您、其、他、她、己、我、自、谁（shuí）、谁（shéi）”。从词性来看，泛称场中的汉字大部分是代词，其次是名词，有少数几个汉字是助词、形容词。“泛称场”大部分汉字都集中在初级，从出现频率看，初级汉字“我”的频率值达到了 92371，是所有汉字中出现频率最高的一个；其他出现频率很高的还有“人”“们”等，整体上看，初级汉字出现的频率都不低。这说明这些汉字在留学生学习汉语的初期就大量出现，且日常生活中较常用。而中高级汉字的出现频率就远远低于初级汉字，除了中级汉字“尔”的频率为 597 以外，其他的中高级汉字的频率都在 100 以下。从汉字偏误率来看，大部分汉字的偏误率都不到 0.1，只有高级汉字“乃”0.3396，初级汉字“咱”0.1288，中级汉字“黎”0.42；最低的是初级汉字“自”，只有 0.0082。高级汉字“乃”笔画虽然少，但是汉字的偏误率却是最高的，因此要重视该部件的书写示范。

4.3.1 “泛称场”汉字在 HSK 词汇等级大纲中的分布

包含“泛称场”汉字的 HSK 词汇等级大纲词语分布如下：

一级：人、我们。

二级：男人、女人、服务员、自行车。

三级：别人、客人、或者、其实、其他、自己。

四级：偶尔、人民币、咱们、民族、售货员、演员、作者、记者、极其、其次、其中、尤其、自然。

五级：敌人、个人、工人、人才、人口、人类、人生、人事、人物、人员、私人、行人、主人、民主、农民、移民、解说员、志愿者、其余、与其、各自、来自、亲自、自从、自觉、自动、自私、自信、自由、自愿。

六级：黎明、流氓、赋予、给予、迷人、人道、人格、人工、本人、当事人、丢人、法人、风土人情、夫人、公民、民间、民用、裁员、成员、乘务员、动员、患者、名副其实、莫名其妙、各抒己见。

在上述词语中，“或者、其实、极其、其次、其中、尤其、自然、其余、与其、来自、自从、赋予、给予”等词中的泛称场汉字已经完全本义。还有些汉字现在使用的频率极少，有些已经被其他的词语代替了。比如 “尔”，在日常对话和交流中已经被第二人称代词“你”所替代。另外一个有意思的现象是“员”这个汉字的本义是泛称，比如“官员”，但是发展到现在，除了泛称以外，还兼具职业特点，比如“服务员”“售货员”“演员”“解说员”“乘务员”等词语。还有一些词语兼具两个场的特征，如“人工”。

4.3.2 “泛称场”相关研究

“泛称场”在汉语日常交际中使用频繁，相关研究也比较多。除了“人家”“别人”“咱”等词语的研究以外，武学军和桑紫宏两位学者都研究了“们”的部分用法，认为“们”有与数词的不兼容性等。

武学军（2005）在《河北蔚县话的“们”——兼谈“们”的用法》中表明以下观点：“们”字在《汉语大字典》《汉语大词典》中的含义用法归纳为两种：一种是用在人称、物称代词后或指人、指物的名词后表复数；一种是用在指示代词后，相当于“么”。在现代汉语方言中“们”的用法远不止于此。此篇文章列出河北蔚县方言中“们”的使用情况，旨在为辞书编纂以及探讨“们”字的发展演变提供实际语言的参证。“们”是一个词尾，表示人的复数。但是在平时教留学生的过程中，不难发现“三个老师们”这样的偏误，而且不易纠正，因为又有“那些孩子们”之类的用法，留学生对此很难分清楚。

桑紫宏（2016）在《从汉英数范畴的差异看汉语数词标记“们”与数词的不兼容》这篇文章中，主要讨论了汉语复数标记“们”与数词的不兼容和汉英语复数范畴的差异，主要结论是汉语的复数标记“们”既是累积性复数标记，又是联系性复数标记。作为前者时所指称的对象是不包括原子性的单数成员，其不能与表示确定数目的数词共现。作为后者时则因指称对象的异质性而导致计数的失败。

丰冬梅（1997）在《指代词“人家”的句法、语义考察》一文中以“人家"的指示、替代、对待三种作用为纲，在其语法位置、指称对象和感情色彩方面进行专门探讨。把指代词"人家"作为个案深入细致地研究其句法、语义特点。

万中亚（2006）在《从视角转换看"人家"的语义》一文中，主要讨论人称代词"人家"的语义，认为"人家"既可用作第三人称代词，相当于"他"或"他们"，这是其基本语义；也可以用作第二人称代词，指"你"，即具体语境下指称受话人，这是"人家"的临时语义；还可以用作第一人称代词，指"我"。运用视角转换的理论，解释了"人家"多重语义产生的原因。

景盛轩（2006）在《旁称代词"别人"的产生和发展》一文中按照时间顺序简述了旁称"别人"产生发展的情况，并对其在不同的历史时期不同的用法进行说明。

孙红艳（2008）在《北方方言中的人称代词"咱"》一文中简述了"咱"字的起源和发展过程，并针对"咱"在北方不同地区的方言中不同的用法进行研究。

姬凤霞（2008）在《略论人称代词"咱"的语用含意》一文中认为，"咱"是一个北方口语化的称谓词，属于俗语范畴，从语用功能来看，它可以附着一些特殊的感情色彩，既能表达亲密喜爱的情感，也能表达倨傲不满的情绪，语词意义具有多元性和不确定性。在一定的交际目的和言语环境及社会文化背景等因素的制约下，言语行为者可以依托人称代词"咱"含有的地域、社会文化背景，巧妙地运用话语策略来拓展其语义空间，在不同的语境、语气中，"咱"的指称义均可以形成不同的指称信息，会话含意也各不相同，由此延伸了静态词义所规定的范围，产生了丰富的语用含意。

刘雪芹（2010）在《论指代词"人家"指称意义》一文中提出，人称代词"人家"的指称意义包括了多个层次。就其表示指称意义的内容而言，可以指人与指物，其中指人的时候，以指女性为多，有时也可以指男性；就其表示指称意义的范围而言，可以泛指与特指；就其表示指称意义的数量而言，可以单指与复指；就其表示指称意义的方向性而言，可以他指与自指。

白晓光、姚灯镇（2010）在《日汉间接指称类自称词的对比研究——以日语"人"和汉语"人""人家""别人"例》一文中在弄清汉语"人""人家"和"别人"三个词的联系和区别的基础上，重点探讨日语"人"与汉语"人"之间的区别，认为日语"人"和汉语"人""人家""别人"都有自称用法。汉语"人""别人"在句法分布上具有互补性，其间接指称程度上与"人家"不在同一层次，因此与日语"人"更有可比性。日语"人"和汉语"人"在用于自称时有三点不同：① 日语"人"只能用于表达不满、责怪、生气等感情的语境，而汉语“人”除此之外还可用于加强可信度或影响力等语境；② 日语“人”的语义侧重强调“外人、别人”，而汉语“人”的语义除此之外还可指“所有人”；③ 汉语经常通过与“所有人”建立关联来表达属性的客观普遍性，而日语一般多用自然或自发的状态来描写属性，不凸显“人”的要素。

张旺熹、韩超（2011）在《人称代词“人家”的劝解场景与移情功能——基于三部电视剧台词的话语分析》一文中创造性地以三部电视剧台词为语料基础，从会话场景分析出发，得到如下基本认识：人称代词“人家”是在“劝解”场景中，基于言者和听者的人物关系格局而由言者使用的一种具有移情功能的话语手段。在“劝解”场景中，言者使用“人家”是为了凸显其所指对象具有的某种角色特征，并要求听者与自己一起对该对象进行移情，从而实现对听者进行“劝解”的交际意图。“人家”移情功能的实现，是“劝解”场景内在机制的要求，也是其成为“万能代词”的基本动因。

4.3.3 “泛称场”在 HSK 中的考查点

HSK 考试中对于泛称场的考查并不多见，考试中出现的大部分“泛称场”在听力或者阅读题的题干中起混淆视听的作用；或者是在听力原文中起连接上下文的作用，以此来考查留学生对泛称的掌握情况。

1）听力题：

（1）在女人的化妆品中，口红是不可缺少的。有资料表明，如果只能拥有一件化妆品，有 80%的女人会选择口红，而且中外都是如此。对于大多数女人来说，涂口红是每天化妆不可缺少的一步。

下面哪一项是正确的（B）。

A. 男人不喜欢化妆

B. 口红是最重要的化妆品

C. 口红不能让女人更漂亮

D. 80%的被调查者不涂口红

（2）人们总认为有小聪明的人在遭遇灾难时反应更快、生存机会更大。事实上，那些规矩又老实的人，在突发灾难下的生存概率反而高，因为他们平时会认真地去做应急演习，在灾难时刻的第一反应往往是正确的。

下面哪一项是正确的（D）。

A. 第一反应往往不可靠

B. 聪明人第一反应慢

C. 发生灾难时要相互救助

D. 遭遇灾难时老实人和规矩人生存概率大

（3）在一场激烈的战斗中，上校忽然发现一架敌人的飞机向阵地俯冲下来。按照常理，发现敌机俯冲时要毫不犹豫地卧倒。可是上校并没有立刻卧倒，因为他发现离他四五米远处有一个士兵没有注意到敌人的飞机，只顾前进与敌人搏斗。他顾不上多想，一个跳跃将士兵扑倒在地，紧紧地压在了身下。就在此刻，一声巨响，敌人飞机上的炮弹坠落、爆炸，飞溅起来的泥土落在他们的身上。待四周逐渐平静下来，上校拍拍身上的泥土，回头一看，顿时惊呆了：刚才自己所处的那个位置已经被炸出一个大坑，如果刚才自己没有保护士兵而是原地卧倒，那么现在留在大坑里的就是自己的尸体。

如果没有上校保护士兵，那么大坑里的尸体将是谁的？（上校的）

本题中考查的就是泛称“谁”在原文中指的是哪一类人，出现在题干中，如果留学生不能掌握这个汉字的意思，那么这道题就无从下手。

（4）男：你的筷子用得真好，是谁教你的？

女：没人教我，我自己学的。

问：女的会用筷子是男的教他的。（×）

（5）今天我想早点儿回家。看了看手表，才三点五十。过了一会儿再看表，还是三点五十，我这才发现我的手表不走了。

那块儿手表不是他的。（×）

（6）女：二哥，咱爸咱妈身体都好吗？

男：都挺好的，你放心吧。

问：说话的两个人是什么关系？（B）

A. 同事　　B. 兄妹　　C. 母子　　D. 夫妻

从“咱”可以知道两人是兄妹关系。

2）阅读题：

（1）我对中国的印象最初来自我的母校——湘潭大学！在我心中，湘大是我的第二个家，凡是属于湘大的人或事物，我都会情不自禁地着迷。

根据上文，作者最没有可能是什么地方的人？（A）

A. 中国人　B. 越南人　C. 非洲人　D. 美国人

（2）本报台北2月23日电 记者吴亚明、陈晓星报道：台湾海基会23日致函海协会，对山西省古交市屯兰煤矿22日凌晨发生瓦斯爆炸意外、造成人员惨重伤亡表达关切和诚挚慰问。

上文画线句子可以简化为：（A）

A. 海基会对人员伤亡表达关切和慰问。

B. 海基会致函海协会表达关切和慰问。

C. 海协会对人员伤亡表达关切和慰问。

D. 海基会致函海协会发生意外、造成人员伤亡。

（3）排序。

A. 你会发现它们有时比人更聪明

B. 当你了解它们时

C. 千万不要小看动物的智慧

答案是 C B A

泛称场中的词语在排序题中常出现。因为泛称场中有很多代词，经常可以充当主语，比如本题中的“它们”就是指动物，一定是先出现“动物”，后面才会出现表示动物的泛称词“它们”，所以这道题中最关键的就是“它们”这个词。

（4）上飞机前，要先看看你乘坐的航班在哪儿办理登机手续，然后将机票、身份证交给机场相关负责人员。

问：办理登机手续时，要把身份证交给谁？（C）

A. 家人 B. 自己 C. 机场工作人员 D. 朋友

（5）朋友之间相处，最重要的就是信任。如果你只相信自己，却经常怀疑对方，那你们之间的友谊就不存在了。所以我对我的朋友们都有足够的信任，我们之间有深深的友谊。

判断：我只相信我自己。（×）

（6）选词填空。

爷爷，（ ）还在这下棋啊？奶奶让您快回家呢！（B）

A. 你 B. 您 C. 我 D. 它

此题考查“你”和“您”的区分，这个一般在初级就会学到。“您”是表示一种尊敬，一般对年长的人用，“你”的使用范围比较广。题干中出现“爷爷”称谓，那么一定是需要使用“您”，而不能用“你”。

4.3.4 教学思路

1）以交际性为主要目的

泛称场中的汉字有的很基础，有的却在日常汉语交际中不常见，所以应该对场内汉字进行初步的分类，根据使用频率以及难度，先易后难。其次要有所侧重，像“人”“们”“你”“您”“他”“她”等汉字是留学生所必须要掌握的；而像“氓”等不常用的汉字可以不做过多要求，等到高年级学习古文的时候可以再讲授“氓”“尔”“予”等字。

2）注意语体差异与近义词的辨析

汉语中的称呼既有谦辞和敬辞之分，也有口语和书面语的区别。比如“你”和“您”有什么区别？分别在什么情境中使用？教学过程中老师应该给学生讲清楚使用的语境与对象，以免造成沟通误会与障碍。

3）注意词语的指称范围

“泛称场”汉字看起来不难，但是学生使用时偏误也不少。如有的学生会说“我的国家”这样的话，这就是混淆了“我”和“我们”的指称范围。也有很多学生分不清“我们”和“咱们”的区别，这些都是教师在进行泛称场词语教学时应该重点分析讲解的。

第五章　“具体事物场”对外汉字教学研究

“具体事物场”有“统称”“拟状物”“物体部分”“天体”“地貌”“气象”“自然物”“植物”“动物”“微生物”“全身”“排泄物 分泌物”“材料”“建筑物”“机具”“用品”“衣物”“食品 药品 毒品”等 18 类，本章主要选取“拟状物”“物体部分”“身体部分”“地貌”“建筑”“衣物”“动物”几个场进行研究。

5.1　“拟状物场”概况

分场结果显示拟状物场中一共有 18 个汉字，初级有 8 个，分别是“块、点、粉、堆、板、滴、片、球”；中级也有 8 个，即“粒、弹（dàn）、筒、丸、棒、棍、络（luò）、络（lào）”；高级只有“屑、簇”两个汉字。从语料库统计的频率来看，拟状物场中“点、球、片、块、板”等汉字出现频率较高，“点”字出现频率最高，达 6570 次。虽然汉字中这类字比较少，但每个拟状物字都可以表现一类事物的共同特点，它们的作用就是表示某一类事物的形态。纵观这些汉字的发展历程，不难发现它们的本义都是指某种形态的事物或某种事物，即拟状物汉字。后来词义不断扩大，衍生出很多引申义。拟状物场汉字虽然总数不多，但功能丰富。既可以单用，也可以与名词或动词搭配，有些还可以作量词。

5.1.1　“拟状物场”相关研究

有关对外汉语拟状物场教学研究比较少，虽然很多文献都涉及拟状物字，但都比较分散，没有全面对拟状物场汉字进行有针对性的研究，专门性的研究也比较欠缺。

蒋雪（2011）在《对外汉语名量词专题教学探索》一文中，对甲级词中的名量词进行了划分（很多和物体形状有关的量词都属于拟状物类汉字），提出了图像法、顺口溜法、利用名词教量词、翻译法等教学方法。

张鹭（2011）在《从认知角度探讨对外汉语量词教学策略的建构》一文

中，提出对量词的讲解要符合认知规律，对有形体特征量词的讲解要尽可能直观，注重创设语境。

5.1.2 “拟状物场”汉字在 HSK 词汇等级大纲中的分布

“拟状物场”汉字表示某一类事物的形态，一般都可以单独成词，是成词语素，场内有些汉字还可以作量词；也可以与其他汉字组合成词，这时候拟状物汉字含有说明事物形态的作用。

在 HSK 词汇等级大纲中包含拟状物场汉字的词语有：

二级：打篮球、踢足球。

三级：黑板、照片。

四级：缺点、特点、优点、重点、地球、乒乓球、网球、羽毛球。

五级：标点、点头、点心、观点、老板、动画片、名片、明信片、片面、排球、球迷。

六级：百分点、点缀、焦点、粉末、粉色、粉碎、堆积、片段、片刻、颗粒、导弹、话筒、棍棒、联络、络绎不绝、不屑一顾。

5.1.3 “拟状物场”在 HSK 中的考查点

“拟状物场”大部分汉字在 HSK 中出现频率较低，如“簇”“屑”等，但“点”“块”等比较简单和常用的汉字还是会经常出现。“片”“点”和“块”等拟状物场汉字不仅可以表示物体形态，还可以作量词，“点”也可以表示时间，“块”还可以表示钱数。

1）听力题：

听力题对于拟状物场汉字考查比较基础，且随着汉语水平的提高，出现的拟状物汉字也会增多，初级主要是“块”“点”“球”等基础汉字，随着学习者水平提高，“滴”“粒”等相对高级些的汉字也会逐步出现。此部分主要考查学习者的听力、意义理解能力。

（1）判断。

音频：一块苹果（×）

（2）选择。

男：医生，这药怎么吃？

女：白药粒一天三次，一次一粒，黄药粒一天两次，一次两粒。

男的每天要吃多少药？（C）

A. 三粒　　B. 五粒

C. 七粒　　D. 九粒

2）阅读题：

阅读题中对拟状物场汉字涉及最多，主要考查学习者对于拟状物汉字的字形辨识与意义理解。

（1）图片匹配。

点心切好了，快来吃一块吧！

（2）答案匹配。

① 问：这桶奶粉是新买的吗？多少钱买的？

答：200 多块，虽然比较贵，但是质量很好。

② A：你买牛肉丸子了吗？

B：没有，我买了牛肉片。

（3）语病。

① 虽然我看过这部影片，但是有时间的话，我还想再看一遍。（√）

② 考场上一片寂静，过了一个小时，才陆续有人交卷。（√）

③ 空中飞鸟对飞机来说是个很大的威胁，因为飞鸟虽小，却能够像子弹一样击穿飞机。（√）

（4）阅读理解。

① 世界上大多数的植物都是开花的。植物开花，不只是为了好看，而是有更重要的目的。一些颜色鲜艳、香气扑鼻的花朵能吸引蜜蜂、蝴蝶来帮它们传播花粉。而另一些样子普通、没有香气的花，只能由风来传播花粉。（D）

A. 蜜蜂对植物有害　　B. 花朵的寿命很短

C. 植物的花朵都有香气　　D. 植物传播花粉有多种方法

② 王先生的职业是什么？（A）

A. 杂志编辑　　B. 食品工程师

C. 网络商店老板　　D. 巧克力厂工人

③ 帮领导管理名片是一项非常重要的工作，因为名片是与领导有交往的人员的基本资料。（节选自阅读原文）（选自新 HSK5 级 H51331）

管理名片的工作为什么重要？（B）

A. 名片都各有特色　　B. 名片上有人员信息

C. 可以安排重要会议　　D. 名片的制作很有学问

④ 网络语言刚出现的时候，与现实语言形成了鲜明对比，网络世界和现实世界成为两个完全不同的世界。然而，随着网络对人们生活的影响越来越大，男女老少都在上网，如今这两套语言已经很难区别开来了。（D）

A. 网络语言难以理解

B. 网络语言并不实用

C. 网络语言十分单调

D. 网络语言已被人熟知

5.1.4 教学思路

1）图示教学，形象记忆

“拟状物场”汉字表示的是事物的形态，譬如“粒”字本义与“米”有关，后来借用到跟米的形状相似的物体，可以说一粒药、一粒沙子、一粒珍珠等等。教学时可以选取具有该形态的典型性事物进行图片或实物展示，引导学习者做到举一反三，巧用形象记忆。同时教师应该及时帮学生归纳总结作量词时常搭配的名词。

2）结合汉字语法功能进行教学

“拟状物场”汉字功能比较丰富，却又因字而异。有些词可以作量词，比如“片”“点”“块”等；有些可以作动词或与动词搭配，比如“簇拥”“滴落”等；有些词还可以表示特殊的意义，比如，“点”可以表示时间、“块”还可以表示钱数等。这种情况下，在学习者达到一定水平之后，应该对场内汉字按照功能进行分类，进行系统全面的学习和记忆。

3）补充生活中常见词语

如“板”可以补充“白板”“黑板”；“滴”可以补充“泪滴”“雨滴”等。

5.2 “物体部位场”概况

分场结果显示，“物体部位场”中共有 16 个汉字。其中包括“底、顶、尖、末、节、架、把、盖”8 个初级汉字，“侧、壳、杆”3 个中级汉字，“辐、颈、纽、辖、柄”5 个高级汉字。物体部位场中的汉字全部都是名词。从语料库统计的频率来看，初级汉字中的“把”和“节”是出现频率比较高的，它们的频率分别是 3045、2112；高级汉字“辖”出现频率最低，仅为 3。整体来看，高级汉字的出现频率远低于初级汉字和中级汉字。另一方面，从汉字偏误率来看，中级汉字“侧”和“壳”；高级汉字的“纽”和“辖”的偏误率均为 0，高级汉字“辐”的偏误率最高，高达 0.2222。

5.2.1 “物体部位场”汉字在 HSK 词汇等级大纲中的分布

HSK 词汇等级大纲一级和二级中没有包含物体部位场汉字的词语。

三级：周末、季节、节目、节日。

四级：到底。

五级：彻底、尖锐、节省、节约、细节、国庆节、书架、吵架、把握。

六级：归根到底、尖端、粉末、环节、节奏、礼节、情节、调节、元宵节、重阳节、端午节、框架、绑架、打架、把关、把手、把戏、覆盖、盖章、膝盖、掩盖、侧面、贝壳、杠杆、辐射、颈椎、纽扣儿、管辖。

在上述词语中，“季节、节目、节日、节省、国庆节、吵架、把握、节奏、礼节、情节、调节、元宵节、重阳节、绑架、打架、把戏、掩盖、辐射、管辖”等词中的物体部位场的语素已经完全脱离了物体部位场中汉字的本义。

5.2.2 “物体部位场”相关研究

《阿尔泰诸语人体部位名称比较》和《汉语 SVO 构式中身体部位名词语义认知的动因》等几篇文章中都详细研究了人体部位名词。虽然表示物体部位的汉字和表示人体部位的汉字处在两个不同的场中，但是它们在某些方面存在着共同之处。所以对物体部位场的研究完全可以借鉴有关人体部位场的研究文章中的一些探究的思路，结合其引申义进行研究。

董玉芝（2007）在《说“把”》一文中梳理了常用词“把”的词义发展线

索，以及历代义项的消长情况，考察了从先秦至现代汉语中“把”的诸种用法，勾勒出其发展概貌。

何亮（2016）在《汉语人体/物体部位词语的空-时语义演变》一文中提出，汉语史和汉语方言中一些表示人体/物体部位的词语，往往还有表达空间方位和时间的用法。它们遵循着“人体/物体部位>方位概念>时间概念”这一共同的语义演变路径。语义演变的机制是转喻和隐喻，跨域映射先在概念层产生。人体/物体部位名词>空间方所词是许多语言共有的现象，汉语拥有更多的部位名词>空间方所词>时间概念词连续演变的具体表现。

5.2.3 “物体部位场”在 HSK 中的考查点

HSK 真题中考查有关“物体部位场”的汉字的题目并不多，考查的方式一般也是在听力题和阅读题的原文中出现，起一个叙述作用。而且有的“物体部位场”中的汉字在考查的题目中，已经不再单纯是物体的某一个部分，可能已经引申为某些抽象事物的部分，比如“周末”的“末”，就是指的一周的末尾。

1）听力题：

（1）男：妈妈，你看见我的红色毛衣了吗？

女：没有啊，你自己找一下好吗？

男：找到了，在床底下！

问：红色毛衣在哪？

答案：床底下

（2）女：嗨，大卫。

男：你好，丽丽。

女：周末过得怎么样？出去玩了吗？

男：挺好的，我和家人一起去了海底世界。

问：男的周末去哪了？

答案是：海底世界

这道题中出现了两个物体部位场中的汉字，分别是“底”和“末”。显然“末”的用法已经不是表示物体的部位了，而是表示抽象的时间。

（3）女：大卫，可以帮我把瓶盖打开吗？

男：好的。这很简单啊。好了，给你。

女：你真厉害，谢谢。

问：女的让男的干什么？

答案是：打开瓶盖。

（4）女：你今天怎么没骑自行车？

男：别提了，我的自行车把儿摔坏了，送去修理了。

问：男的为什么没骑自行车？

答案是：自行车把儿坏了。这里考查了自行车的部位“车把儿”。

2）阅读题：

（1）连词成句。

顶尖 大学 培养 的 现在 人才 希望

答案：现在的大学希望培养顶尖人才。

（2）一个重要的交通枢纽，多条铁路在这里交汇，沟通了南北双方，便利了人们的出行，也为经济发展提供了条件……

从文中我们可以看出：上海是一个怎么样的城市？

答案：上海是中国的一个交通枢纽。

这道题中考查的是高级汉字“纽”，但是所考查的意思仍然不是“在器物上可以悬起或者系挂的部分”，而是考查了“枢纽”这个词语。其中“纽”字的意思已经发生了变化。

5.2.4 教学思路

通过对 HSK 试题的分析，我们不难发现：单纯考查物体部位的题虽不多见，但是与其他场中的汉字组合起来考查的不少，因此要重视对物体部位场的教学，在教学过程中遵循以下原则效果更好。

1）结合具体物体进行教学

在进行“物体部位场”的教学时，不能单纯地只针对场中的汉字进行教学，可以结合具体物体进行教学，比如“床底”“杯底”“杯盖”“车把儿”“蛋壳”“笔尖”“楼顶”“竹节”等词语。有些物体部位场汉字还经常与人体部位场汉字结合构成常用词，如“壶身”“壶嘴”“机体”等等，可适时补充。

2）延伸语义

延伸语义就是在教此场中的汉字时，教完基本意义后，根据留学生水平进行汉字深层意义的教学。比如“尖”，除了表示物体最锋利的部分，后来还表示在整体中表现突出的人或人才，比如“顶尖”的人才。

3）重视词性的演变

在现代汉语中“物体部位场”的很多汉字都兼具了名词、动词和量词的词性，譬如“把”，可以作动词如“把着栏杆”，可以做名词“车把儿”，还可以做量词如“一把伞”，这是汉语长期发展的结果。教师在进行教学时可以结合“把”的本义对词类变化进行演示，加深学生的印象，提高教学效果。

5.3 “身体部位场”概况

分场结果显示，身体部位场中共存在 89 个汉字。其中包括初级汉字 48 个，它们分别是：“身、体、脸、面、脑、首、题、头、颜、鼻、耳、目、眼、口、嗓、舌、牙、咽、嘴、肩、领、奶、项、胸、背、腰、肚、寸、跟、脚、手、腿、掌、指、足、角、膏、皮、发、毫、毛、羽、肠、脾、心、脏、血（xuè）、血（xiě）”；中级汉字分别是“额、齿、唇、喉、咙、吻、膀、膊、股、拳、胁、翅、肌、辫、髦、眉、骨、壳、肺、肝、胃、胞、筋、脉”这 24 个；而高级汉字只有 17 个，分别是：“膜、尿、胆、睫、脂、肪、翼、肢、膝、拇、膛、乳、腔、颈、腮、尸、躬”。身体部位场中的 89 个汉字全部都是名词。从语料库统计的频率来看，初级汉字“心”的出现频率最高，高达 8162；“面”“跟”“发”的频率均在 5000 以上；高级汉字的出现频率就远远低于初中级汉字，“躬、颈”的出现频率仅为 4。从汉字偏误率来看，初级汉字“嗓”的汉字偏误率为 0.2581，偏高，其他的初级汉字偏误率较低；中级汉字“肌、肺”的偏误率在 0.2 以上；高级汉字“乳”的偏误率高达 0.3125。所以汉字书写方面的教学也不能忽视，尤其是笔画较多、比较繁琐的汉字要格外重视。

5.3.1 “身体部位场”汉字在 HSK 词汇等级大纲中的分布：

HSK 等级大纲中包含“身体部位场”汉字的词语比较多。

一级：电脑。

二级：牛奶、身体、手表、手机、颜色、眼睛。

三级：鼻子、耳朵、放心、关心、脚、口、脸、刷牙、头发、腿、小心、眼镜。

四级：脖子、肚子、鼓掌、理发、耐心、皮肤、入口、伤心、握手、信心、血、牙膏、嘴。

五级：翅膀、点头、对手、肺、胳膊、骨头、核心、灰心、肌肉、肩膀、健身房、决心、角色、开心、口味、眉毛、木头、脑袋、人口、嗓子、舌头、身材、身份、神经、手术、手套、手指、尾巴、胃、项链、心理、心脏、胸、枕头、中心、专心。

六级：爱不释手、把手、鼻涕、臂、哺乳、出身、大体、动脉、动身、动手、耳环、腹泻、甘心、港口、骨干、合身、狠心、喉咙、画蛇添足、浑身、劲头、精心、颈椎、举世瞩目、举足轻重、可口、口腔、口气、口头、口音、立足、良心、码头、脉搏、盲目、面貌、面子、名额、膜、目光、目睹、拿手、屁股、齐心协力、拳头、热泪盈眶、容貌、腮、伤脑筋、上进心、尸体、手法、手势、手艺、数目、四肢、随手、胃口、小心翼翼、心得、心灵、心态、心疼、心眼儿、胸怀、胸膛、凶手、血压、眼光、眼神、眼下、咬牙切齿、耀眼、一目了然、知足常乐、脂肪、终身、衷心、皱纹、助手、着手、嘴唇。

以上词汇中，“颜色、入口、对手、核心、角色、木头、枕头、大体、港口、劲头、码头、名额、数目”等词语中的语素虽然是身体部位场中的汉字，但是在这些词语中，汉字的意义已经脱离它本身在身体部位场中的意义。另外，场中有些汉字在古代经常使用，现在已经被双音节词语所取代。比如：单音节“臂”，现在我们说“胳膊”，“项”现在说“脖子”等。当然，还有单音节取代单音节，比如：足——脚。在与留学生的日常交流中，会出现“我足疼”这类的句子，所以教师们在教学过程中强调汉字用法的古今变化很有必要。

5.3.2　“身体部位场”相关研究

身体部位场中的“头”是一个极具研究价值的汉字，在《汉藏等语言的量词“头”》和《苗族身体部位词的本义褪变与词汇链接》两篇文章中，以少数民族的语言入手，研究探讨了身体部位场中的部分汉字的演变。

时兵（2009）《汉藏等语言的量词“头”》中跨语言调查显示：由表“身体”“头”义的名词虚化为动物量词具有普遍性，在诸多量词型语言中都有此类现象。如：两头驴子，一头公牛等。

石德富（2014）《苗族身体部位词的本义褪变与词汇链接》中以苗族语言为例，探讨了身体部位词“肝、脏、肠、腿、嘴、头”的本义褪化情况及其褪化原因——转喻和隐喻引申共同引起，这对汉语中身体部位场的教学有一定的借鉴作用。

牛保义（2014）在《汉语 SVO 构式身体部位名词语义的认知动机》一文中，研究了汉语 SVO 构式中的身体部位名词。在汉语里，有一种 SVO 构式：我扭头。老大爷弯下腰。他张开嘴。还研究了在该构式里身体部位名词的句法分布，身体部位的名词均充当宾语（O）。

《英汉身体部位词项语义引申的认知实证研究》中罗杨（2012）列举了多个学者们关于身体部位的研究：李瑛和文旭对比研究了英汉的“头”，探寻了人类隐喻和转喻的思维对延伸语义的影响，总结了延伸的路径；刘慧研究了后缀“头”的演变；葛佳才讨论了“手”的后缀化过程。

孔丽华（2008）在《汉语身体部位词的文化义与对外汉语教学》中详细研究了身体部位词的引申义，给身体部位词语的对外汉语教学提出了自己的建议。

5.3.3 “身体部位场”在 HSK 中的考查点

身体部位场中的汉字与每个人的日常生活密切相关，HSK 对这一部分汉字的考查主要集中在听力和写作上。

1）听力题：

（1）这个学期的作业太多了，又要找工作，也不能锻炼身体，所以现在身体很差，经常感冒。

答案：他没有时间锻炼身体。

（2）男：都是你喜欢吃的菜，多吃点。

女：谢谢，不过这几天肚子不舒服。

问：女的什么意思？

答案：不能多吃。从“肚子不舒服”可以推断出。

（3）女：你吃药的时候应该喝点水呀！

男：我一直都是这样的，直接把药放嘴里就吃了。这样很方便。

问：男的为什么吃药不喝水？

答案：男的不想麻烦。

（4）“心有多大，舞台就有多大。”所以当我们有机会展示自己时，要勇敢地走上舞台，秀出完美的自己。不要害怕，因为只要我们心中有梦，并不断为实现自己的理想而努力，总有一天，我们会找到属于我们自己的舞台。

问：这段话告诉我们什么？（D）

A. 有理想　B. 珍惜时间　C. 学习跳舞　D. 敢于展现自我

答案：敢于展现自我。

这道题中出现的“心”，已经不仅仅是身体部位的意思了，它的意思有了一定的虚化或者是引申，有了“理想”的意思。

（5）男：你还在看电视吗？你照镜子看看，一点精神都没有。

女：真的吗？我看看。还真的是，眼睛还红红的。

男：你最好先去洗个脸，然后和我一起去饭馆儿吃饭。

女：等会儿，让我把电视关了。

问：他们要去做什么？（B）

A. 洗脸　　B. 吃饭　　C. 买东西　　D. 玩游戏

答案：吃饭。在这里“洗脸”是干扰较强的一个选项。

（6）女：医生，请问我孩子的眼睛怎么了？

男：他是不是很爱看电视？可能需要戴眼镜了。

问：女的的孩子怎么了？

答案：孩子的眼睛近视了。

（7）女：哥，这香蕉特别甜，你吃一根。

男：不吃了，我已经刷牙了。

女：那我自己吃了。

男：吃完别忘了刷牙！

问：男的为什么不吃香蕉？

答案：他已经刷牙了。

（8）男：你的头发怎么变得这么短了？

女：天气太热了，长头发不舒服。

问：关于女的可以知道什么？

答案：现在不喜欢长头发。

（9）女：我父母结婚以后从没红过脸。

男：真让人羡慕啊。

问：女的是什么意思？（C）

A. 父母经常不好意思　　B. 父母发烧了

C. 父母关系很好，不吵架　　D. 父母很累

2）阅读题：

（1）连词成句。

饺子　晚上的　我　肚子　疼　吃得

正确顺序：晚上的饺子吃得我肚子疼。

（2）看图造句。

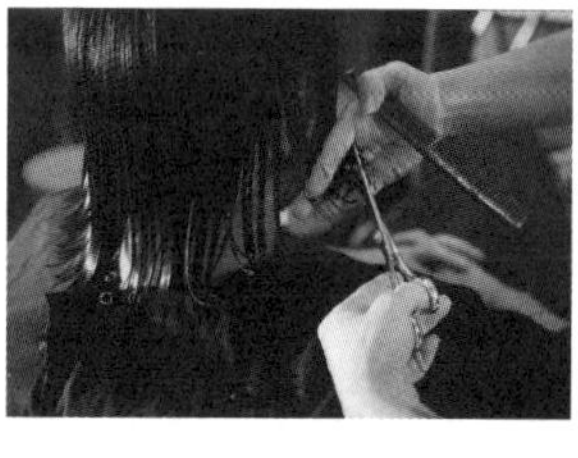
（理发）

例句：玛丽正在一家理发店里理发。

5.3.4 教学思路

身体部位词汇被公认为是核心词。身体部位场中的汉字与身体密切相关，当然是不可忽视的一类。身体部位场的分场教学过程中，要注意以下几点：

1）加强认知

也就是说，在身体部位的教学过程中，通过直观的视觉进行认知记忆。多次反复练习，可加深记忆。初级教学中，直观的视觉观察记忆是一个有效的方法。老师指，学生回答，不仅可以更快地使学生记忆身体部位场中的汉字，而且还可以提高学生的反应能力。

2）适度拓展延伸

根据语义适当引申，这样不仅可以引起留学生学习的兴趣，还可以增加他们学习到的知识，一举两得。比如："项"的意思是"脖子"，在这个部分可以给留学生补充一些"项上人头"之类的故事来源，以引起学生的学习兴趣。

3）及时补充量词

在学习身体部位场中的汉字时，要及时补充量词的搭配。例如："手"可以说"一只手""一双手"；"血"可以说"一滴血""一摊血"等等。

4）组合记忆

身体部位的汉字有些是可以组成词语的，比如："羽"和"毛"，"身"和"体"，"头"和"发"，"手"和"掌"等等，这样组合着来记忆，可能会事半功倍。

5）重视比喻引申义的用法

在身体部位场中有很多词语有引申意义。譬如"心血"引申为付出的劳动，"手足"喻为兄弟，"骨肉"喻为子女，"心肝"喻为心爱的人，"爪牙"喻为为虎作伥的人，"心腹"喻为值得信任的人，"眉目"喻为事情的端倪，"胃口"喻为食欲等等。

相信借助语义进行的分场教学，再结合以上几条教学原则，老师们可以实现更有效率的教学，而留学生们习得身体部位场中的汉字的效率也会有所提高。

6）关注身体部位场与颜色场的搭配使用

人的情绪变化常会引起身体器官颜色的变化。因此在教学过程中教师要给学生补充汉语中各类情绪的表现。如“红脸”一词就代表羞涩、发怒、不好意思等几种情绪，要联系上下文分析情绪。除了“红脸”以外，像“黑着脸”“眼红”“脸都青了”“鼻青脸肿”“肠子都悔青了”“脸都绿了”“红心”“黑心”“黑手”“红口白牙”等等。由于人类的情绪变化都是一样的，这些常用说法也易于被留学生接受。

7）注意身体部位场词语与动词的搭配使用

如在中国，“点头”表示同意，“摇头”表示否定或者不同意，“低头”有屈服的意思，“抬不起头”表示嫌丢人。

5.4 “地貌场”概况

分场结果显示，“地貌场”中一共有 28 个汉字，这 28 个汉字都是名词。其中分为初级 10 个，中级 17 个，高级 1 个，它们分别是“陆、岸、山、海、汉、济、江、派、池、湖”；“漠、洲、滨、滩、峰、岗（gǎng）、岗（gāng）、华、坡、峡、岳、港、河、洋、坑、瀑、泉”；“淀”等。我们首先从汉字的出现频率来看，整体上来说，初级汉字的出现频率高于中高级，其中，初级汉字“山、海、汉、济”的出现频率均在 1 000 以上。其次，我们从汉字偏误率来看，初级汉字的偏误率整体上低于中高级汉字的偏误率，中级汉字“漠、滨、港、瀑”的偏误率均在 0.2 以上，其他偏误率较低的汉字均在 0.1 左右。初级汉字“山”的偏误率最低，仅为 0.0409。

5.4.1 “地貌场”汉字在 HSK 词汇等级大纲中的分布

HSK 词汇等级大纲一级和二级中并没有涉及与“地貌场”汉字相关的词语。

三级：爬山。

四级：海洋、经济、长江、亚洲。

五级：陆地、陆续、岸、海关、海鲜、池子、电池、沙漠、沙滩、矿泉水。

六级：登陆、海拔、海滨、救济、派别、派遣、池塘、湖泊、欧洲、海滨、高峰、岗位、港口、港湾、出洋相、瀑布、沉淀。

有的词语虽然包含地貌场中的汉字，但是已经脱离在地貌位场中的意义。这些词语有：经济（四级）、陆续（五级）、电池（五级）、救济（六级）、派遣（六级）、岗位（六级）、出洋相（六级）、沉淀（六级）等。还有一部分词语是我们现在经常使用的，但是词语中并不包括“地貌场”中的汉字。比如：“支流”一词，地貌场中用“派”表达；“山峰”一词也是如此，在地貌场中用“岳”表示。

5.4.2 “地貌场”相关研究

关于对“地貌场”中汉字和相关词汇的研究，学术界主要集中在本体研究和对外汉语教学研究两个方面。

在本体研究中，对“地貌场”中相关词语的研究主要集中在部件研究和词语的地理分布上。

薛凯传（2010）在《〈说文解字〉“土”部解说》一文中对“土”部字进行了研究。他选取了“土”部的部分代表字并简析了古代先民与土有关的深厚文化内涵，着重分析了古人对耕地地理位置和耕作土壤的认识。

张树铮（1994）在《汉语水泽词语的地理分布初探》一文里对古汉语中表示水泽的常用名词的地理分布作了综合的考察。主要研究了江、河、水、川、溪、沟、浜、浦等河流名称的地理分布。同时还就湖、河、泽、淀、池等湖泽名称的来源作了探究。

郝平（2015）在《〈说文〉与地域有关的25个部首所收字语义系统研究》一文中对《说文》与地域有关的25个部首所收字进行本义探究、语义分类及义素分析，从而构建出一个较为完善的《说文》与地域有关的25部字的语义系统。他把《说文》中与地域有关的25个部首字按语义分为水文、丘谷、土石、金属四大类进行分类，同时，他又把《说文》与地域有关的25个部首所收字语义场进行系统总结，将语义场系统用表格的方式呈现，并对这一语义场系统进行了整理分析。

对外汉语教学对于“地貌场”中相关词语的研究相对较少。

张少芬（2017）在《基于汉字系统性的“水”部汉字教学研究及微课设计——以布隆迪大学孔子学院为例》一文中对《汉字等级大纲》中“水”部汉字进行分类整理，并结合布隆迪大学孔子学院学生学习汉字中存在的问题，提出了易于理解和识记这部分汉字的五个教学策略。在“水”部汉字教学策略一节中，着重研究了与水流地貌有关的“水”部字并提出了相应的教学策略。

5.4.3 “地貌场”在HSK中的考查点

1）听力题：

（1）现在技术发展了，旅游业也进步了，进步之一就是名山胜地都架起了缆车。一般游客们都采取上山乘缆车，下山步行的方式，省力省钱又省时。登山活动，不知不觉变成了下山活动。在这个活动中，三种人有三种不同的感受。甲说：“上山坐缆车，啥也没看到。下山下了千级台阶，腿肚子都抽筋了，找罪受！”乙说：“上得太快了，只好慢慢下，也算软着陆嘛！”丙说：“一边下山，一边看风景，把这辈子的下坡路全走了，今后就一定顺了！”同一件事，同样的行为，却有不同的感受。甲是悲观主义，乙是客观主义，丙是乐观主义。看来，天底下快乐的人，不是上天赐予他快乐的事，而是给了他一颗快乐的心。（选自 HSK6 级 试题编号：H61005）

现在爬山，游客们一般采取什么方式？（C）

A. 步行上下山

B. 坐缆车上下山

C. 坐缆车上山、步行下山

D. 步行上山、坐缆车下山

（2）女：好久不见，最近在忙什么呢？

男：我在办签证，准备出国。

女：你的生意不是做得很顺利吗？怎么突然想出国留学了？

男：你误会了，我是去旅游，等飞机着陆了，我给你打电话。

问：男的什么时候给女的打电话？

答案：等男的下飞机了会给女的打电话。

本题考查了“着陆”这个词语的意思，也是在一定程度上考查常识，坐飞机的过程中是不可以打电话的。

（3）女：海洋公园到底是不是在那边啊？怎么还没到？

男：方向肯定没错，估计再有几分钟就到了吧。

女：再晚了我们就来不及看表演了。

男：别担心，下午还有一场呢。

问：他们要去哪？

答案：海洋公园

（4）男：今天是小王请客？他有什么高兴事儿呀？

女：他搬新家了，晚上请老同学们去家里吃饭，顺便看看他的新房子。

男：是吗？他在哪儿买的房子？

女：他那儿的名字好像是“长江花园”，环境很好，很安静。

问：小王在哪买的房子？

答案：“长江花园”。

这道题考查的是留学生在听力中对某一具体位置的定位，这里的“长江”

就不再是指一个地貌了，而只是一个花园的名字。

2）阅读题：

（1）我们乘坐的航班没有按时起飞，乘客们都很着急。乘务人员很快就向乘客们做出解释：由于天气原因，航班不得不推迟起飞，因此也不能按时着陆。

问：关于本次航班，可以知道（A）

A. 还没起飞　B. 已经着陆了　C. 速度正常　D. 机长生病了

（2）尽管地球上大部分地方是海洋，但海水是咸的，不能直接饮用，人们的生活用水主要从江河和雨水而来。

地球上的水：（D）

A. 都能喝　B. 污染严重　C. 温度很高　D. 主要在海洋

（3）女：这个天太热了，咱们去海边吹海风吧。

男：这还热啊，你没去沙漠里感受一下那里的温度。

女：我觉得很热啊，你不热？

男：我不热，要去海边的话你自己去吧！

问：女的想去哪儿？（A）

A. 海边　B. 沙漠　C. 雪山　D. 动物园

（4）诸葛亮吩咐士兵将船用绳索连起来向对岸驶去。那天大雾迷漫，江面上什么都看不清。当船靠近曹军水寨时，诸葛亮命船一字排开，并叫士兵擂鼓呐喊。曹操以为敌人来进攻，又怕雾大中埋伏，就派6000名弓箭手朝江中放箭，雨点般的箭射在草靶子上。过了一会儿，诸葛亮又命士兵把船掉过头来，让另一面受箭。（选自HSK6级 2013年8月 试题编号：H61332）

问：诸葛亮和士兵们当时在哪？（A）

A. 江上　B. 陆地上　C. 宫里　D. 家中

从以上几道题中，我们可以看出，对地貌的考查主要集中在“江、海、陆、山”等比较常见的集中地貌上，对这些地貌的汉字或者词汇要全面讲解，以保证在HSK考试中不会出现不知道“着陆”的意思这样的失误。部分与地貌相关字词可能偶尔在阅读题的原文中出现，这时留学生只要知道它们的大体的意思就可以。

5.4.4 教学思路

1）从形旁入手

地貌场中汉字的形旁多与其意义相关，要注意形义结合。“地貌场”汉字常见偏旁有三点水、山字旁、土字旁等，从形旁入手讲解易于理解与接受。

2）图示法讲解并适当扩充

可结合地图等图片展示各种地貌的特征，同时给学生补充中国常见地貌，如“长江”“黄河”“泰山”“黄山”“峨眉山”“三山五岳”“西湖”“洱海”“东海”“内蒙古草原”“青藏高原”“外滩”“上海滩”“三峡”等。因为这些都是在日常生活或 HSK 考试中常出现的地点。世界地貌也可适当补充，如：“太平洋”“南极洲”等。另外在中国还有很多城市以地貌命名，如“泉城”“港城”“山城”，学生掌握这些知识有助于更好地了解中国。

5.5 “建筑物场”概况

分场结果显示，“建筑物场”中共有 66 个汉字，这 66 个汉字全部都是名词。其中初级 30 个，分别是“房、楼、屋、厕、厨、室、厅、窗、户、门、基、壁、城、墙、庭、院、阶、梯、道、街、路、桥、园、府、营、台、厂（ān）（同庵）、观（guàn）、广（ān）、社”，中级汉字 22 个，包括“宫、厦、宅、堂、厢、桩、柱、宇、栏、廊、田、圈、窝、塘、渠、仓、库、碑、坟、亭、阁、庙”，高级汉字 14 个，分别是“墅、闺、框、栋、坎、坊（fāng）、畴、笼（lóng）、井、堡、垒、潭、墓、刹（chà）”。为了使学习更加系统性，我们又把大的建筑物场根据它们各自的使用价值分为几个小场：生活建筑物（房屋、庭院等）、观赏性建筑物（塔、亭、阁、台等）、建筑物部位（厕、厨、室、厅、窗、户、门、基、壁、墙、仓、库）等。从分场统计的频率来看，按汉字等级分，初中级汉字出现频率整体高于高级汉字的出现频率；按小场内容分，生活建筑物场和和建筑物部位场汉字的出现率整体高于观赏性建筑物场。从汉字偏误率来看，没有明显的规律可循，但是值得关注的是，初级汉字“庭、厕”，中级汉字“栏、碑”，高级汉字“垒、栋”的偏误率均为 0，而初级汉字“厂（ān）”的偏误率竟然达到了 14.66，高级汉字“坛”的偏误率为 0.2432，比其他汉字 0.1 左右的偏误率也高出不少。结合汉字出现频率、偏误率和 HSK 真题，我们发现考查建筑物场中汉字的题目不在少数，而且分布广泛，覆盖题型较广，可见“建筑物场”是一类比较重要的汉字。

5.5.1 “建筑物场”汉字在 HSK 词汇等级大纲中的分布

“建筑物场”的汉字在 HSK 词汇等级大纲中主要分布如下：

一级：医院。

二级：房间、教室。

三级：办公室、厨房、公园、花园、街道、城市、电梯。

四级：长城、窗户、专门、基础、报道、社会。

五级：部门、餐厅、厕所、车库、车厢、法院、房东、高速公路、隔壁、客厅、迷路、台阶、阶段、卧室、屋子、阳台、一路平安、幼儿园、账户、健身房、客厅、寺庙、窗帘、道德、道理、频道、打交道、政府、经营、营养、营业、电台、柜台、宇宙、田野。

六级：别墅、仓库、仓促、池塘、宫殿、基地、基本、基金、基因、空洞、立交桥、门诊、桥梁、热门、坟墓、阶层、任重道远、台风、田径、天堂、夏令营、园林、支柱、走廊、用户、家喻户晓、客户、悬崖峭壁、城堡、国务院、东道主、公道、轨道、渠道、隧道、霸道、赤道、出路、报社、社区、大厦、住宅、栏目、走廊、里程碑、亭子、框架、灯笼、范畴、刹那。

上述词语中，“专门、报道、社会、车厢、阶段、账户、道德、道理、频道、经营、营业、营养、宇宙、仓促、基本、基因、台风、客户、霸道、栏目、刹那”等词语中，虽然包含建筑物场中的汉字，但是在这些词语中，汉字的意义已经脱离它本身在建筑物场中的意义。但是“建筑物场”中也有一些字是被逐渐替代的，比如：“宇”是屋檐的意思，但是现在我们在日常生活中，一般不会再单说一个“宇”字，我们通常都说“屋檐”。

5.5.2 “建筑物场”相关研究

对“建筑场”中汉字和相关词汇的研究，学术界主要集中在本体研究这个方面。从汉字含义的变迁去探寻建筑形式的演变，对弘扬中华民族的传统文化，建设和发展中国特色的建筑，构建人与环境和谐统一的社会将有积极的意义。

李振中（2005）在《从〈说文解字〉中看中国先民的建筑文化意识》一文中以《说文解字》中与建筑范畴相关的字词解说为立足点，用汉字文化学理论考察《说文解字》所反映的先民建筑文化意识。

王建军在《〈说文解字〉宫室类名词研究》一文中从语言的角度入手对《说文》中所有宫室类名词进行研究，先对《说文》中出现的所有宫室类名词分门别类，以此为基础，主要以形索义、因声求义、比较互证等训诂学方法，对 86 个宫室类名词的本义和词源义做了详细的探求。并利用已探求出的本义和词源义，对《说文》中大量的宫室类同义名词进行辨析以及对上古宫室建筑文化做进一步阐释。

郭静（2015）在《〈说文解字〉表宫室类字研究》一文中对《说文解字》中表宫室类的“宀”“宫”“穴”“广”四部所统辖的182字从形体结构、文献用字及流变沿用等方面做了全面的研究。

胡正旗（2010）在《以汉字研究专门史方法新探——以汉字建筑史为例》一文中提出，通过对汉字形符演变过程、形声字声符的考查可以揭示出建筑发展的相关情况。此外，具有相同义素的字族聚合，总是能反映出华夏民族的一些建筑营构理念。而对建筑类汉字进行分期数理统计分析，则可以获知各时期建筑发展的整体面貌。

韩伟（2011）在《汉字中的古代居住建筑科技信息》一文中提出，作为记录汉民族文化的符号系统，汉字在演进过程中总是受着特定历史文化背景的影响。在汉字形体中，蕴涵着丰富的古代居住建筑方面的科技信息，彰显着我国先民在建筑方面的科技水平。

张姚姚（2012）在《从汉字看古代建筑文化》一文中通过探究汉字与建筑在历史发展过程中的渊源与联系，具体地展现出汉字丰富的文化内涵。

金敏（2012）在《汉字与中国传统建筑》一文中通过对汉字与中国传统建筑关联的分析研究，希望能够从一个独特的视角诠释中国的建筑艺术，探寻中国传统建筑文化内涵，并推广至以汉文化为根的建筑文化圈。最后通过实例说明汉字文化与建筑设计的结合。

孙晴（2012）在《汉字与中国古代建筑》一文中认为，汉字的原始形态，就是对现实景、物的直观摹写。中国古代建筑的原始形态，也都被一一凝固在每一个汉字之中。解析这类汉字，可以从一个侧面去了解我国古代建筑的发展脉络。

明鸣、汪江、姜涛（2016）在《汉字与建筑——从“廊”字解析中国传统建筑元素廊》一文中认为，中国古文字缘起于象形，这些图形可视为是对当时事物的简单摹写，古代人们利用这些条条框框记录下了历史。而建筑作为一种独特的文化现象，有些古汉字的图形化含义同样能够反映出建筑的史实。以传统建筑元素“廊”为例，通过对与其相关的古汉字的分析来揭示建筑廊的另一个层面的内容——形制和空间。

杨英法、聂雅、焦彦臣（2016）《古建筑中的汉字文化及其在现代建筑中的价值》一文中提出，在中国汉语文化席卷全球以及现代建筑实体快速扩张的背景下，集中考量古代建筑之中装饰性汉语语言的符号特征表现，全面解构其具体用途与主要效用，继而将其有益成分科学融入并适配现代建筑的设计建造，进而有力完成三者的交互共赢，无疑是传承古代建筑优良传统、释放汉语语言独特魅力以及更新现代建筑实体架构的肯綮之策。

5.5.3 “建筑物场”汉字在HSK中的考查点

1）听力题：

（1）我买的房子环境好，面积大，就是买东西不方便，要跑很远的路。

判断：他的房子附近没有商店。（√）

（2）女：这房子不错吧，非常漂亮，有两个大卧室，而且质量也很好。我们买了吧。

男：它的周围安静吗？有树有花吗？

问：男的关心房子的什么？（A）

A. 环境　　B. 价格　　C. 质量　　D. 大小

答案是“环境”。从“它的周围安静吗？有树有花吗？”一句中可以判断出。

（3）男：我们什么时候去故宫？

女：还没决定呢。我现在在长城，星期五我再打电话通知你。

问：他们要去哪？（A）

A. 长城　　B. 故宫　　C. 颐和园　　D. 博物馆

答案：A

2）阅读题：

（1）选词填空。

①A. 全部　　B. 本来　　C. 温度　　D. 否则

E. 酸　　F. 毛巾

A：你帮我把洗手间里的（F）拿来。

B：你稍等一下。

答案：选F。这道题一方面考查了“毛巾”这个名词，另一方面也间接考查了“洗手间”，与“洗手间”相关的只有“毛巾”一个选项。

②A. 打扰　　B. 来不及　　C. 温度　　D. 苏州园林

E. 幽默　　F. 杂志

A：今年暑假你打算去哪玩儿？

B：我可能会去参观一下（D）。

答案选D：苏州园林。

（2）完成句子。

①是 标志 这 的 厕所

答案：这是厕所的标志。

② 终于 她 干净了 把 卫生间 收拾

答案：她终于把卫生间收拾干净了。

③ 那座桥 800年的 历史 有 了

答案：那座桥有800年的历史了。

④ 轻轻地 窗户 开 爸爸 推 了

答案：爸爸轻轻地推开了窗户。

⑤ 放在厨房里 把 打算 他 吃剩的东西

答案：他打算把吃剩的东西放在厨房里。

5.5.4 教学思路

建筑物场中的汉字与住、行、食有密切关系，在生活中是常用的一类汉字。在教学过程中要注意以下几点：

1）引导学生展开空间联想

一个完整的建筑物，内部构造是有一定空间结构的，比如“房”里一般会有卧室、厨房、厕所、客厅、墙等，让留学生根据整体建筑的空间构造进行联想学习。

2）适度拓展新词语

知识的记忆就是在一遍又一遍的巩固中完成的，举一反三可以使留学生在熟记旧知识的同时，增加新知识的输入，一举两得。如从“仓库”可以扩展到“水库”“车库”等词语，使学生轻松掌握新知识。

3）融入文化元素

这是针对观赏性建筑物场中的汉字来说的，建筑是凝固的艺术，建筑传承着中国古老的文化和悠久的文明。在学习“桥、城、园、宫”等汉字时，可以结合历史，将重要的古迹名称告诉学生，如“赵州桥”“长城”“圆明园”“王府井”等，并适当讲解其中的文化故事，加深学生的印象。

4）教学过程中要古今结合并且其他场相结合

“建筑物场”中有些汉字的称谓已经被别的词语替代，比如“壁”我们经常说“墙”，但是有些词语中还是保留了“壁”字，如“隔壁”。在学习“隔壁”这个词语的时候可以古今结合。很多“建筑场”的建筑与活动密不可分，如“法院”涉及律师职业及一些法律行为，“健身房”涉及锻炼行为及教练等身份词语。巧妙结合其他场进行教学能有效提高学生的兴趣与教学效率。

5.6 “衣物场”概况

根据分场结果显示，“衣物场”中共有汉字 22 个，22 个汉字均为名词。其中初级汉字 12 个，分别是“布、练、呢、服、裤、裙、衣、装、冠、帽、鞋、袜”；中级汉字 5 个，分别是“袱、绢、袍、衫、袖”；高级汉字 5 个，分别是“绸、缎、裳、兜、履”。分场结果显示，初级汉字的出现频率普遍高于中高级汉字，其中初级汉字“呢”“服”“衣”的出现频率均在 1000 以上，“服”的频率最高，为 3067；高级汉字“缎”的频率最低，频率仅为 7。从汉字偏误率来看，高级汉字“缎”的频率最低，但是偏误率却是最高的，高达 0.4286；其他偏误率较高的汉字还有中级汉字“袱”“袖”和初级汉字“袜”。

5.6.1 “衣物场”汉字在 HSK 词汇等级大纲中的分布

“衣物场”的汉字在 HSK 词汇等级大纲中主要分布如下：

一级：衣服。

二级：服务员。

三级：舒服、裙子、裤子、帽子、衬衫。

四级：洗衣机、袜子。

五级：分布、服从、公布、宣布、服装、克服、佩服、说服、牛仔裤、安装、假装、装饰、冠军、皮鞋、领袖、丝绸。

六级：瀑布、颁布、遍布、布告、布局、布置、发布、服气、屈服、包装、包袱、旗袍、履行。

上述有的词语虽然包含衣物场中的汉字，但汉字的意义已经脱离它本身在衣物场中的意义，如：服务员、舒服、分布、服从、公布、宣布、克服、佩服、说服、安装、假装、颁布、遍布、布局、布置、发布、服气、屈服、履行等。也有一些词语中不包括“衣物场”中的汉字，但是表达的却是衣物的意义，比如“白大褂、外套、棉袄”等。这些词语较为常用，要适时补充。

5.6.2 “衣物场”相关研究

李荣浩（2016）在《对外汉语“服饰类”词语的考察及教学策略的研究》

一文中以汉语中“服饰类”词语为研究对象，以全面详尽的汉语本体研究为基础，提出了传承语素教学法和联想网络教学法。在这其中，他从“服饰”和“装饰”两方面对“服饰类”词语进行了细致的分类。同时，他还阐述了“服饰类”词语蕴含的文化内涵。

曹景园（2014）在《释名·释衣服》中，以每章的词语为研究对象，采用分析与综合相结合法以及对比分析法等，对每个词条从声训和义训两个方面做全面的分析，说明了《释名·释衣服》中每个词条释义的依据以及原因。同时，他还对中国的服饰文化作了探究，从而揭示了两汉的服饰文化特色以及其中蕴藏着的社会历史文化内涵。

徐秀云（2012）在《汉语服装文化词语的语义和文化涵义研究》中利用语义场理论把服装词语从不同的角度分类，分为了头衣、体衣、足衣三大语义场。她还运用了传统的修辞学的研究内容和研究方法，对服装词语的休息模式做了分析。最后，她从服装词语中蕴含的诸子百家的着装观念入手，分析了传统的哲学思想观和文化。

5.6.3 “衣物场”在 HSK 中的考查点

1）听力题：

（1）男：你怎么戴这个颜色的帽子啊，红不红，绿不绿的，太难看了。
女：爸，您这就不懂了，这叫时尚。
男：我不懂什么时尚不时尚，反正觉得不好看。
女：您多看几次就习惯了。我的老爸，您得转变转变观念了。
问：根据对话，可以知道什么？（C）
A. 女的喜欢绿色的帽子　　B. 男的觉得绿色的帽子样式不好看
C. 男的不喜欢帽子的颜色　　D. 男的眼光非常时尚

（2）女：你确定就是这种？我怎么觉得包装不一样呢。
男：应该没错，就是这个标志。
问：女的觉得哪里不一样？（B）
A. 标志　　B. 包装　　C. 种类　　D. 形状

（3）女：爸，您看给我妈买这条裙子怎么样？
男：样式挺独特的，我也一眼就看中了，咱就买这条吧。
问：他们决定要买什么？（B）
A. 裤子　　B. 裙子
C. 袜子　　D. 两人还没决定要买什么

（4）妻子对丈夫说："昨晚我做了一个梦，梦见你答应给我一万元钱买衣服，我想你肯定会成全我的美梦吧？"丈夫说："说来也真巧，昨晚我也做了一个梦。我梦见已经把一万元钱给你了。"（B）

A. 妻子涨工资了　　B. 妻子想买件衣服

C. 丈夫买了件衣服　　D. 妻子买衣服花了 10 000 元

问：那个选项正确？

2）阅读题：

（1）排序题。

A. 它不仅是一种服饰

B. 更代表着一种文化

C. 旗袍是中国女性的传统服饰之一

答案：CAB

（2）选择题。

她换上了新买的那双鞋，穿了一条裙子，看起来特别精神，又说又笑，好像变了一个人。同事们都明白了，她今天要去约会。

问：她今天穿着什么？（B）

A. 旧鞋　　B. 裙子　　C. 裤子　　D. 不漂亮的衣服

（3）匹配题：

问题：这条裙子你花了多少钱？

匹配项：姐姐给我买的，我也不太清楚。

这道题匹配项间接考查了与"裙子"搭配的一个动词"买"，与"花了多少钱"相联系就可以做对这道题。

（4）A. 其实　　B. 感冒　　C. 附近　　D. 舒服

E. 声音　　F. 把

天气冷，你多穿点儿衣服，小心（B）。

从上面的几道题中，我们可以发现：HSK 对衣物场中汉字的考查一般会与服装特色、身体状况还有经济活动的字眼相结合。所以，在日常学习的过程中，要多加注意这方面的练习。

5.6.4　教学思路

1）形义结合

衣物场的汉字大部分都有衣字旁和丝字旁，在汉字的书写教学中，教师应该结合汉字的形旁进行讲解，降低汉字的偏误率，衣字旁很容易与示字旁混淆，要尤为注意。

2）用图示法教学增加形象性

衣物服饰与历史和民族密不可分，不同时代的衣物不同，不同民族的衣物不同，教学过程中要结合历史与民族特色进行展示，对有典型代表意义的衣服服饰要着重补充指出，譬如“旗袍”“中山装”“和服”“汉服”“唐装”等。

3）衣物与量词和动词结合紧密

在教学过程中教师要及时补充量词和动词搭配。如“穿衣服”“脱衣服”“一件衣服”等。在HSK考试中也常出现此类考察。

5.7 “动物场”概况

分场结果显示，“动物场”中的汉字共有39个，都是名词。其中包括“蛇、鸟、鸡、鱼、虫、虎、象、狼、熊、猴、马、牛、羊、狗、猪、猫”16个初级汉字，“牢、牲、兽、畜、牺、鼠、乌、雕、鱿、贝、虾、蝶、蚊、蝇”14个中级汉字，“狈、翠、禽、鹊、鸦、蝉、蜂、蛛、蚁”9个高级汉字。从统计结果中的汉字偏误率来看，初级汉字“猴”的偏误率最高，为0.2273，其他偏误率较高的汉字都是像“虎、象、狼、熊”等汉字一样，笔画繁多，所以留学生在书写时容易出现偏误。还有一类偏误率较高的是，虽然汉字笔画较少，但是有一笔或者两笔存在感不强，经常被留学生忽视或者忘记，比如中级“乌”和初级“鸟”的偏误率都不低，均接近0.1。此外，我们从汉字的出现频率来看，初级汉字出现的频率远高于中高级汉字，其中出现频率最高的是初级“象”，高级1501次，频率最低的是高级“鹊”，仅有2次。日常生活中常出现的，也就是出现频率较高的，比如“猫、狗、猪、羊”等等。

5.7.1 “动物场”汉字在HSK词汇等级大纲中的分布

“动物场”的汉字在HSK词汇等级大纲中主要分布如下：

HSK一级中没有涉及与动物有关的词语。

二级：鸡蛋、牛奶、羊肉。

三级：熊猫、马上。

四级：老虎、马虎、印象、猴子。

五级：抽象、大象、对象、现象、想象、象棋、象征、形象、牛仔裤、老鼠、鼠标、宝贝、蝴蝶、蜜蜂。

六级：画蛇添足、昆虫、迹象、气象、狼狈、吹牛、牢固、牢骚、雕刻、雕塑、贝壳、飞禽走兽。

在上述词语中，有一些词语中虽然出现了动物场中的汉字，但是意义已经发生了相当大的变化，与动物场中的汉字联系不大，甚至已经完全没有联系了。这样的词语有：马上、马虎、印象、抽象、对象、现象、想象、象征、形象、宝贝、迹象、气象、狼狈、牢骚、雕刻、雕塑等。

5.7.2 “动物场”相关研究

动物与文化紧密相连。生活中常见与动物相关的比喻。尤升武和曹曦颖两位学者都从比喻的角度对动物进行相关的分析。不过两者还是有不同的。

尤升武（2008）在《英文写作中的比喻和联想》中提道：“中国人对动物的联想同美国人、英国人一样，譬如汉语中就有“蠢驴”“鹦鹉学舌”“像狐狸一样狡猾”等说法。在这两种文化中，联想相似的其他动物还有很多，人们时常把某些品质或特性与某些动物联系起来。

曹曦颖（2006）在《试论英汉谚语中动物比喻形象的文化差异》一文中，从文化的角度，通过对英汉两种民族不同的生存环境、风俗习惯、宗教信仰及历史典故等方面的粗略比较，来探究英汉谚语中动物比喻形象差异的根源。

温玲霞、张吉吉和赵军均从中西文化的差异方面对动物所代表的文化进行研究分析。其中温玲霞、张吉吉（2007）在《从中西文化中的动物词汇谈英语词汇教学中的文化移入》中提道：“文化差异是中西方人们选择使用不同动物词汇的主要原因。因此，词汇教学必须重视文化移入。而英语词汇教学中文化移入的策略有双向融合法，背景阐释法，信息集约法以及交际实践法。”而赵军（2012）的《动物在中西文化中的不同内涵》一文中说：“不同的人对不同的动物有不同的喜好，同样，同一种动物在不同的文化背景中所表达的含义也不尽相同。”文中主要介绍了有代表性的动物：猫、狗、蝙蝠、龙、孔雀的不同文化内涵。

5.7.3 “动物场”在 HSK 中的考查点

1）听力题：

（1）猫和人不同，它们不怕黑，因为它们的眼睛在晚上更容易看清楚东西。我们家的那只猫就总是习惯白天睡觉，晚上出来走动。

问：关于那只猫，可以知道什么？（C）

A. 害怕晚上　B. 喜欢换环境　C. 喜欢白天休息

（2）下个月准备休息一星期，我打算去旅游，所以想请邻居帮我照顾我的小狗。

判断：他打算带小狗去外地玩儿。（×）

（3）女：再见，您慢走，欢迎下次再来！

男：谢谢！你们这儿的鱼做得很不错。

问：他们最可能在什么地方？（A）

A. 饭店　B. 海边　C. 机场　D. 海洋馆

在回答这道题目时，要注意，这儿的鱼不是海里的鱼，而是饭馆里的食物。

（4）错误都已经犯了，你现在才来承认，这不是亡羊补牢吗？

判断：现在承认错误还可以。（×）

这道题很明显考查的是“亡羊补牢”这个成语的意思，做错了什么事，已经不能挽回。

2）阅读题：

（1）冬天是一年中最寒冷的季节，很多植物没有了绿叶，一些动物会选择休眠，许多鸟儿飞到较为温暖的地方过冬。这个世界仿佛一下子安静下来了，然而，这所有的一切都是在为明年做打算。

问：冬天到了，鸟儿会怎么样做？（B）

A. 休眠　B. 到温暖的地方

C. 和平时一样　D. 更活跃

这道题的答案主要是在文段中，但是也是考查了关于鸟的一些常识：到了冬天，鸟儿会迁徙到暖和的地方。

（2）一个冬天，一个人带着猎狗去打猎。那个人一枪击中了一只兔子的腿，受伤的兔子拼命地跑，猎狗在它后面一直追。可是追了一阵，兔子跑得越来越远。猎狗知道实在是追不上了，只好回到猎人身边。那个人非常生气地说：“你真没用，连一只受伤的兔子都追不到！”猎狗听了很不服气地说：“我已经尽力而为了！”那只兔子带着枪伤成功地逃回家里，同伴们都围过来惊讶地问它：“那只猎狗很凶呀，你又带了伤，是怎么甩掉它的呢？”兔子说：“他是尽力而为，我是用尽全力呀！他没追上我，最多挨一顿骂，而我若不用尽全力跑，可就没命了！”每个人都有很大的潜能。正如心理学家所指出的，一般人的潜能只开发了2%~8%左右。这就是说，我们还有90%多的潜能处于沉睡状态。谁要想成功，创造奇迹，仅仅做到尽力而为还远远不够，必须用尽全力才行。

问：兔子的腿怎么了？（C）

A. 摔断了　B. 被砍伤了　C. 被枪打中了　D. 被猎狗咬伤了

（3）他骑着一__B__枣红色的小马照了一张相。

A. 头　B. 匹　C. 只　D. 口

在初级的HSK考题中，动物的量词是考查的重点。比如一只鸡、一头猪、一头牛、一只鸟、一条蛇、一头熊等等。而本道题中考查的就是“马”的量词——匹。

（4）你知道谁是鸟的祖先吗？百余年来，全世界所有的中学教科书都告诉孩子们：鸟类最早的祖先是始祖鸟，它生活在晚侏罗纪时期。课本上还描绘了始祖鸟的还原图，它与今天自由飞翔的鸟儿很不相同，前面两只翅膀上端有锐利的爪，虽然全身也有羽毛，但是它的嘴里还长着锐利的牙齿，它的尾巴很长，由许多节尾椎骨组成，就像传说中的小恐龙。但是，历史，尤其是远古时期的历史，往往是在后人对前人的否定中日渐接近真实的。

问：第一段主要说明始祖鸟的（D）。

A. 生长年代　B. 生活习惯　C. 食物类型　D. 外貌特征

5.7.4　教学思路

“动物场”汉字教学过程中要注意以下几点：

1）形音义结合

动物场中一些比较简单且形象的字可以结合字形理解字义；而对于形声字的教学，可以利用形旁促进学生对字义的理解；有些字形声字也可以根据声旁加强对字音的记忆，比如“猪”“蚊”“鱿”“牲”等字。

2）利用图示法

图片具有一定的形象性，利用图片教学能增强学生的记忆效果。在展示图片时可以补充量词，加深印象，如“一匹马”“一头牛”。

3）注重分类

动物场汉字较多，在进行完初步的学习后可以对所学汉字再进行分类，比如鸟类、畜类、昆虫类等等，让学生对“动物场”汉字的掌握更系统。

4)“动物场”的教学可以结合象声词来进行

很多象声词都是模仿动物声音的，如“汪汪”“喵喵”“咩咩”“叽喳”“嗡嗡”“咯咯”等。结合教学的方法既可以让学生更易于接受，还可以进行不同国家动物生态的对比，增加课堂趣味性。

第六章 “抽象事物场”对外汉字教学研究

“抽象事物场”中共有 315 个汉字，以名词为主。汉字的整体的偏误率不高，大部分介于 0.05 到 0.15 之间。只有少数汉字的偏误率在 0.05 以下或是 0.19 以上。其中偏误率最高的是“第”，偏误率 6.08；偏误率最低的是“亩、撮、幢、壹、捌、瘟、凯、贿、烙、魄、邪、秩、谬”，偏误率为 0。从汉字的等级方面来看，“抽象事物场”中有初级汉字 218 个，中级汉字 63 个，高级汉字 34 个。“抽象事物”共有 14 个教学场，分别是：“事情 情况、事理、外貌、性质、性格 才能、意识、比喻物、臆想物、社会 政法、经济、文教、疾病、机构、数量 单位”。本章选取了“数量 单位场”和“文教场”进行相关研究。

6.1 “数量 单位场”概况

分场结果显示，“数量 单位场”中共有汉字 78 个，数量较多。其中包括初级汉字 63 个，中级汉字 7 个，高级汉字 8 个，比重分布明显不平衡。这个现象也说明数量单位场中的汉字一般在初级阶段留学生就进行相应的学习了。初级汉字有“长、尺、幅、广、厚、里、哪、那、石、数、八、百、伯、次、二、己、季、九、俩、两、陆、么、七、千、三、什、十、双、四、万、五、午、一、元、半、几、些、有、倍、率、打、段、份、服、个、级、件、棵、颗、类、辆、令、匹、只、趟、通、着、吨、合、斤、厘、升、丈”共 63 个；中级汉字有“丑、申、亚、幢、圈、斗、亩”共 7 个；高级汉字有“捌、辰、贰、柒、叁、壹、仲、撮”共 8 个。我们首先从汉字出现频率来看，初级明显高于中高级，尤其是初级中的“长、里、那、次、已、么、十、一、有、个、着”几个汉字，出现频率特别高，其中“个”的出现频率高达 20 460，“有”的频率是 34 057，“一”的频率为 41 876 等等。再从汉字偏误率来看，中高级汉字的偏误率整体上高于初级汉字，初级汉字的偏误率平均在 0.1 以下，其中“打”的偏误率仅有 0.009 1；而中高级汉字的偏误率差不多均在 0.1

以上。

6.1.1 “数量 单位场”汉字在HSK词汇等级大纲中的分布

“数量 单位场”中汉字在HSK词汇等级大纲中的分布如下：

一级：哪儿、那儿、上午、下午、中午。

二级：公斤、丈夫。

三级：数学、自己、季节、几乎、电子邮件。

四级：长城、长江、广播、广告、公里、数字、数量、数据、数码、其次、千万、十分、所有、有趣、条件、通过、通知、申请。

五级：长途、延长、尺子、幅度、广场、广大、广泛、推广、哪怕、无数、老百姓、次要、双方、万一、统一、一辈子、唯一、一旦、一路平安、一致、单元、公元、元旦、有利、汇率、效率、阶段、身份、个别、个人、个性、整个、零件、软件、文件、硬件、证件、人类、命令、沟通、通常、通讯、接着、厘米。

六级：漫长、广阔、见多识广、得天独厚、浓厚、里程碑、百分点、千方百计、伯母、层次、次品、次序、档次、屡次、名次、二氧化碳、各抒己见、淡季、季度、季军、千方百计、丢三落四、端午节、不屑一顾、多元化、半途而废、固有、津津有味、岂有此理、利率、频率、不择手段、备份、股份、个体、级别、等级、附件、稿件、案件、颗粒、类似、本着、晋升、圈套、诞辰。

在上述词语中，有些词语中虽然包含了数量“数量 单位”场中的汉字，但是意义已经发生了变化，与原本“数量 单位”场中汉字的意思相差甚远，或者已经完全脱离了其原本的意义。这样的词语有：上午、下午、中午、丈夫、季节、电子邮件、其次、条件、申请、万一、单元、身份、个别、个性、整个、零件、软件、文件、硬件、证件、命令、各抒己见、淡季、季度、附件、稿件、案件、晋升等。

在日常生活中，我们经常使用的与数量单位场中汉字有关的词语还有：一打儿、八九不离十、一有（又）二分之一、俩人、老幺、一石、不分伯仲、广而告之、亚军、季军、半块、一些、一亩、三斗等等。

6.1.2 “数量 单位场”研究概况

关于对“数量 单位场”中汉字和相关词汇的研究，学术界主要集中在本体研究和对外汉语教学两个方面。

在本体研究中，对量词的研究经历了一个从静态的分类研究到把量词与相关词类、与句法结构联系起来的动态过程。

邵敬敏（1993）《量词的语义分析及其与名词的双向选择》一文，为了从语义角度说明名量词与名词之间的双向选择关系，把量词分成外形特征类、非外形特征类和附容处所类，又根据量词的语义组合功能，把它分成专用型、合用型、通用型。

李洛枫（1987）在《浅谈量词的特殊表达作用》一文中明确表示：量词的主要功能是计量，如"一只鸡""一头猪""一匹马"等。量词运用得好，可以准确地计算和指称各种事物。但是，量词在语言运用中所起的作用，还远不限于此。他从以下几方面谈了谈量词在表达过程中的特殊作用：第一，有助于同音、多义词的区别；第二，有助于歧义现象的分化；第三，有助于不同情感的表达；第四，有助于事物的形象化。

李宇明（1999）在《数量词语与主观量》一文中表示：主观量是指带有说话人主观评价的量，是量范畴中的一个次范畴。表达主观量的语表手段有四类：A. 数量词语，包括带有修饰成分的数量词语（简称"数量标"）；B. 加在句末的标记词（简称"句末标"）；C. 充当状语的副词（简称"副词标"）；D. 由两个部分构成的固定格式（简称"框架标"）。在这篇文章中，李宇明先生主要讨论了数量词语的复叠；一些特殊的数量结构；受一些词语直接修饰的数量结构。

在对外汉语教学研究方面，对于量词的研究焦点则放在了对比两种语言中量词的异同。

杨壮春、龚志维（1999）在《英汉数量词组对比》一文中提出：任何语言都有数和量的概念及数量概念的体现形式。英语和汉语也不例外，这是语言的普遍性。然而在这普遍性中又存在着特殊性。比如汉语中有数词和量词两大词类，而在英语中则只有数词词类而无量词词类。英语中量的概念的表达常常借助相应的名词，因而构成了英汉两种语言的数量概念在文字表现形式上的及数量词组结构上的差异。

韩汉雄（1980）在《汉语量词与英语表量词》中说：现代汉语量词非常丰富，凡在数词与名词之间一般总是有个量词。英语的表量词使用不如汉语量词广泛，但是几乎所有汉语量词都可找到相应的英语表量词来表达。正确掌握两者之间的对应关系，可帮助我们更准确、形象地使用这两种语言。文中还提出特别对以英语为母语的汉语学习留学生来说，怎样掌握对方语言的这类词是非常困难的。

6.1.3 “数量 单位场”在 HSK 中的考查点

1）听力题：

（1）女：我一会儿去超市，你有什么要带的吗？
男：那给我买两根铅笔、两块橡皮吧，再买一个铅笔刀。
问：男的一共要买几个东西？（C）
A. 两个　B. 四个　C. 五个　D. 六个

五级：

（2）女：王总，现在九点半了，这份合同需要您签字，请您先看一下。
男：好，先放这儿吧，十点有个招聘会，我得赶紧过去。
问：男的十点的时候要去做什么？（C）
A. 看文件　B. 签合同　C. 参加会议　D. 招聘员工

（3）男：孩子这么小就送去上幼儿园，她能适应吗？
女：还行，去一个礼拜了，老师都夸她好几次了。
问：孩子在幼儿园表现怎么样？（D）
A. 不太适应　B. 非常调皮
C. 只受到了一次表扬　D. 常被老师表扬

（4）女：先生，您一共消费了 570 元。请问是刷卡还是现金？
男：现金。请给我开张发票。
问：男的在做什么？（A）
A. 结账　B. 取款　C. 整理收据　D. 办信用卡

（5）男：喂，是物业公司吗？
女：是，请问您有什么事？
男：我是四号楼三单元六〇七的，我想问问还有没有车位？
问：男的是哪个房间的？（A）
A. 六〇七　B. 六一七　C. 九一七　D. 九〇一

在高级听力题中，对于“数量 单位”场中词汇的考察更多的是将语境和词汇意义结合考察，这种考察是更偏重考查学生的综合运用能力。

2）阅读题：

三级：

（1）判断题。

① 这辆车现在能卖十万块钱吧，我两年前买的时候花了二十多万。
这是辆旧车。（ √ ）

（2）书写题。

三级：

① 一（yuán）是 10 角，一角是 10 分。

（3）选择题。

①A. 份　　B. 来得及　　C. 温度　　D. 杂志

E. 报名　　F. 随便

女：谢谢您给我提供的这（A）材料。

男：不客气，这都是我平时整理的，希望对你有帮助。

② 一般来说，睡觉时间短的人比睡觉时间长的人更容易长胖。据调查，每天睡 7 到 8 小时的人，要比每天睡 5 到 6 小时的人瘦。

调查结果说明（C）。

A. 做梦不好　　B. 要多跑步

C. 睡觉少易变胖　　D. 早起床对身体好

③ 妻子下班回到家，看见丈夫又在喝酒，生气地说："你别再喝这么多了！难道你不记得大夫说过的话了吗？他只允许你每天喝一杯！"丈夫一脸认真地说："我当然记得，而且一直都在按他说的去做。我现在喝的是 2015 年 9 月 7 日的那杯，你陪我干了这杯吧？"

医生要求丈夫（D）。

A. 别加班　　B. 少喝咖啡

C. 必须按时吃药　　D. 每天最多一杯酒

在中级阅读题中，对于"数量 单位"场中词汇的考查仍旧偏向基础知识，学生更多的是要掌握名词需要和哪些量词搭配。

五级：

④"元旦"的"元"，指开始，是第一的意思。"旦"是象形字，上面的"日"代表太阳，下面的"一"代表地平线。"旦"即太阳从地平线上升起，象征一天的开始。把"元"和"旦"两个字加在一起，意思就是新年开始的第一天。

下面选项中正确的是：

__________（C）。

A."旦"指太阳　　B."元旦"指每一天的开始

C."旦"表示太阳在地平线之上　　D."元"指一年快要结束的时候

6.1.4 教学思路

"数量 单位场"教学过程中要注意以下几点：

1）分类教学，明确功能

数量单位场中的汉字既有名词，也有数词和量词，所以在教学中要先对场内汉字进行分类，明确不同类别的词不同的功能。

2）由易到难，循序渐进

数量单位场中既有常用的、较基础的汉字，如：长、次、万以及数词；也有不常用的、生僻的汉字，如：庚、仲、令（lǐng）、合（gě）。在教学中应该由易到难，重点突出。

3）重视固定搭配

有一些固定搭配教师要给出，譬如十二生肖“子鼠丑牛”“不分伯仲”“亚军”“季军”“冠军”等。

4）了解易错点，预防偏误出现

如“二”和“两”的区别，“倍”“率”的用法，数量单位的换算等等。

5）注重不同单位的换算

如“吨”和“斤”等。

6）注意汉字中蕴藏的数字意义

如“半”“倍”“打”等。

7）注意数字的大写

数字的大写虽然日常会话中用不上，但是在去银行办理业务的时候有实际用处。

6.2 “文教场”概况

分场结果显示，“文教场”中共有 38 个汉字。其中包括初级汉字 30 个，中级汉字 7 个，高级汉字 1 个，比重分布非常不均衡。由此可以看出，对于“文教场”中的汉字教学多出现在初级阶段。初级汉字包括“教、课、尺（chě）、码、字、句、话、言、语、评、议、令、简、图、篇、章、乘（shèng）、典、论、书、页、传（zhuàn）、读（dòu）、绝诗、歌、乐、舞、卷、片（piān）”30 个；中级汉字包括“横、词、谜、谎、籍、曲、谣”有 7 个；高级汉字只有“凯”。初级汉字出现的频率远远高于中高级汉字，其中频率较高的汉字有“话、语、课、书、教、乐、字、词”，“话”的频率高达 8 336，“语”的频率为 6 507，“课”的频率为 2 351，“书”的频率为 2 259，“教”的频率为 2 185，“乐”的频率为 1 541，“字”的频率为 1 281，“词”的频率为 1 019。中级汉字的偏误率整体高于初级汉字的偏误率，高级汉字的偏误率为 0。中级汉字的偏误率平均在 0.1 以上，而初级汉字整体的偏误率则在 0.1 以下。

6.2.1 “文教场”汉字在 HSK 词汇等级大纲中的分布

含有“文教场”中汉字的常用词语在 HSK 词汇等级大纲中的分布如下：

一级：教育、字、名字、说话、汉语、书、教室。

二级：唱歌、跳舞、课。

三级：地图、字典、音乐、教、词语、句子、普通话、图书馆。

四级：篇、文章、词典、页、教授、号码、密码、数字、签字、笑话、对话、语言、语法、批评。

五级：乘、横、诗、教材、数码、课程、字幕、谜语、话题、废话、发言、语气、成语、评价、议论、建议、抗议、命令、卷、试卷、名片、明信片、片。

六级：规章、传记、歌颂、曲子、乐谱、请教、功课、课题、旷课、繁体字、简体字、词汇、母语、方言、不言而喻、评估、评论、不可思议、倡议。

由此可以看出，“文教场”中的 HSK 词汇以中高级居多，而且在这些词汇之中，大部分都是阅读词汇。

一些“文教场”中的汉字虽然出现在一些 HSK 词汇中，但这些词汇与“文教场”并没有直接的关系。主要有：

三级：会议、简单。

四级：阅读、乘坐、讨论、无论、拒绝、绝对。

五级：教练、教训、宗教、神话、简历、简直、企图、古典、经典、结论、理论、论文、议论、争论、辩论、秘书、书架、国籍、鼓舞。

六级：教养、朗读、码头、起码、赤字、简化、简陋、简要、精简、力图、盖章、乘务员、论证、评论、典礼、典型、籍贯、杜绝、断绝绝望、空前绝后、络绎不绝。

6.2.2 “文教场”相关研究

关于对“文教场”中汉字和相关词汇的研究，学术界主要集中在本体研究和对外汉语教学两个方面。本体研究中主要是针对文化词汇的定义以及词汇的分类，而使用语义场理论进行研究的学者并不多见。相关研究列述如下：

田桴佳（2010）曾在《物质文化类汉语象征词研究》一文中对物质文化类象征词进行过共时研究。同时他又引入语义场理论，对物质文化类象征类象征词语进行词汇系统分析，研究了包括类属、同义、反义、构词等七类语义场。

王国安（1996）在《论汉语文化词和文化意义》中曾对文化词语做了详细定义，他认为文化词语指的是那些直接反映中国独特文化的词语。同时，他将文化词语分为了 5 类：一类，表现中国特有的物质文化的词语；二类，中国独特的精神文化的词语；三类，中国独特的经济制度的词语；四类，中国独特的自然地理的词语；五类，反映中国独特的风俗习惯的词语。他对这 5 类文化词语做了详细的解释。

李小鹏（2010）在《试论对外汉语教学中文化词语的教学》中不仅对“文化词汇”进行了界定和分类，还确定了教学重点“跨文化交际过程中，由于两种语言规约性的文化差异，常常会产生交际障碍。因此和交际文化有关的词语便是我们文化词语教学的重点”。除此之外，李小鹏就文化词语教学的技巧、策略和过程提出了自己的看法。

张铭（2005）在《从汉字构形诠释“教”字的文化内涵》一文中，从汉字构形学的角度研究汉字“教”。“教”，蕴藏着深邃的文化内涵，它沉淀着古人的教育观念。从它的构件剖析中发现，教育学中研究的主要问题（诸如教育的施受对象、教育的方式方法、教育的课程设置、教育的根本目的等问题）都简约地体现在“教”字之中了。

钱民辉（2011）在《略论多元文化教育的理念与实践》一文中，从意识形态、意识生态、意识心态的视野，集中分析了多元文化教育与国家、地方（民族）和个人之间的关系，探讨了实施多元文化教育的可能与路径，在整合的意义上，提出了“多元文化教育三态说”的理念，为探讨本土的多元文化教育理论与实践做出尝试。

杨叔子（2012）在《素质·文化·教育》一文中，从《礼记·中庸》开篇“天命之谓性，率性之谓道，修道之谓教”这三句话出发，对其做了简扼描述。在此基础上，首先，论述了道与文化的关系，论述了文化就是“人”化，就是以“文”化人、以“人”化物；其次，论述了教育就是文化的教育，教育的宗旨是提高国民素质，是“率性”，是素质教育；教育的手段是文化育人，是“修道”，是文化教育；特别论述了科学教育与人文教育的分裂；最后，论述了“性”、素质，讨论了先天基因、后天环境、个人主观因素三者的关系，讨论了素质教育与文化素质教育，认为当前必须坚持全面素质教育。

宋志臣（2012）在《教育文化论》一文中提到，教育文化是教育有机体的理论形态，其理论特质表现为：精神层面的教育文化是全部教育活动的灵魂，制度层面的教育文化是教育活动运行的轨道，器物层面的教育文化是教育活动的硬质资源，行为层面的教育文化具有目标终端达成的功能。教育文化功能在于：对教育的整体性观照，对生态有机体性质的揭示，对自组织动力的探寻，对主体的关注，对动态文化观的展示。其实践旨归强调：把握整体、精准定位，强化多维参照意识；坚持价值普照的一维性；破除“制度拜物教”，促进主体理性回归；努力实现教育文化的自觉与自强。

孟建伟（2013）在《教育与文化——关于文化教育的哲学思考》一文中提出，文化教育是一种崭新的教育理念。它是对狭隘的知识教育所做的重大突破和超越。从知识教育走向文化教育有其深刻的认识论根源和背景，即从知识论的认识论到文化论的认识论的转变。文化教育所蕴含的目的论和方法论是“以人化文”和“以文化人”的有机统一，也就是既用“人化”推进“文化”，同时又用“文化”达成“化人”。“人化”和“化人”的有机统一，有着特别重要的方法论意义。

于春海、杨昊（2014）在《中华优秀传统文化教育的主要内容与体系构建》一文中，围绕完善中华优秀传统文化教育的必要性究竟是什么、优秀传统文化教育应包含哪些主要内容、应该如何建构优秀传统文化教育体系这几个问题展开论述。

黄明喜（2015）在《宋代“四书”经学教育形态论析》一文中提出，宋代“四书”经学教育形态确立了“四书”经典结构在宋元明清经学教育史中的主导地位，为元代“四书”官学地位的制度化奠定了基础，有利于理学“化民成俗”教育理念的实现。

6.2.3 “文教场”在 HSK 中的考查点

1）听力题：

一级。听后选择合适的图片：

（1）这些书你都读了吗？（A）

A.

B.

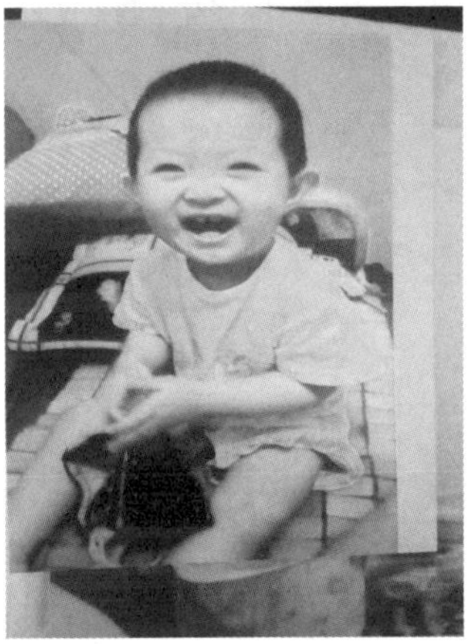

C.

在初级听力的考查过程中，大部分的考查重点还是针对词义本身。学生

只要掌握词汇本身的意思即可。

四级：

（2）他平常喜欢干什么？

A. 跳舞　　B. 喝果汁　　C. 弹钢琴　　D. 看小说

（3）发生了什么？

A. 号码错了　　B. 男的没发　　C. 同事弄丢了　　D. 传真机坏了

（4）这件事发生在哪里？

A. 教室　　B. 卫生间　　C. 火车站　　D. 电梯里

中级听力的考查显然比初级听力的考查更注重对能力的应用，情境也更加多样。例如第（3）题，学生需要对男女两人的对话做出判断，才能选出正确的选项。而判断的依据就是学生在学习相关的词汇时要对它们使用的情境有相应的了解。而语义场理论在教学中的运用更有利于学生对词汇的掌握。

2）阅读题：

一级。看句子选图片：

（1）我很喜欢这本书。（D）

（2）你的表点了？（B）

（3）对不起，请你再说一遍（F）

A.

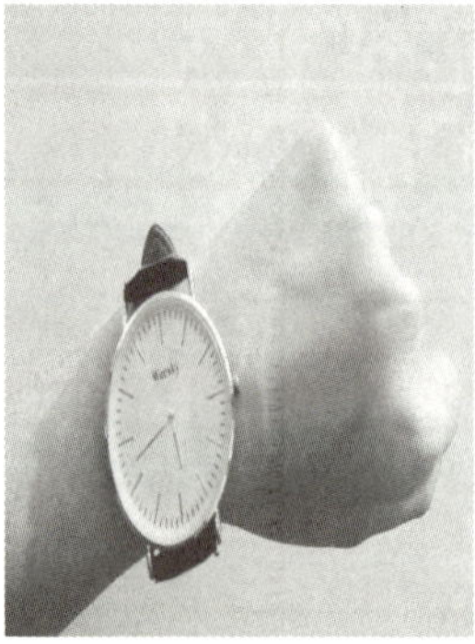

B.

C. 

D. 

E. 

F. 

（2）判断：

Wǒ huì tiàowǔ, dàn tiào de bù zěnmeyàng.
我 会 跳舞， 但 跳 得 不 怎么样。
Wǒ tiào de fēi cháng hǎo.
我 跳 得 非 常 好。 （×）

（3）判断：

Chànggē shì yí jiàn ràng rén gāoxìng de shìqing, měi-
唱歌 是 一 件 让 人 高兴 的 事情 每
nián shēngrì wǒ dōu huì hé péngyoumen qù chànggē.
年 生日 我 都 会 和 朋友们 去 唱歌。
Wǒ ài chànggē.
我 爱 唱歌。 （√）

在初级题中，对于初级词汇的考查仍旧是对词汇意义的考查，学生只要掌握词汇意义本身就可以。

四级

（4）他之前有点儿汉语（E），所以现在学起来很轻松。

A. 实在　B. 感动　C. 感情　D. 坚持
E. 基础　F. 获得

（5）排序：

A 内容很精彩，除了几个语法错误外，（BAC）
B 这篇文章确实写得不错
C 其他方面没什么问题

（6）有人认为语言学习的重点是语法，也有人认为是字词。但我觉得学习语言关键是要和别人对话、交流。如果只学不说，那就不是真正学会了一门语言。

他认为学语言最重要的是：（A）

A. 说话　B. 语法　C. 阅读　D. 预习

在中级题中，对于词汇的考查则侧重于词汇在篇章中的应用，如词汇的搭配和词汇意义。第一题就是对词汇搭配的考查，第二题的重点是对词汇意义的掌握，第三题则是对词汇搭配和词汇意义考查的综合。

3）书写题：

三级：

她　用铅笔写字　不　喜欢

答案：她不喜欢用铅笔写字

6.2.4 教学思路

1）分清主次，以交际为主

根据“文教场”内汉字难度等级的不同，在相应的阶段对留学生进行教学。这个过程是一个循环渐进的过程，不能操之过急。同时，教师处理不同阶段的教学问题还需灵活多变，分清主次。对于“文教场”汉字的教学要以培养学生跨文化交际能力为首要目标，如若学生有交际需求，教师就要“急用先学”。

2）内容适度，针对实用

对于“文教场”内汉字的教学，教师要注意内容的适度性和取舍性。不需要将所有与“文教场”有关的词语一网打尽，教师要选取与学生日常学习有关系的词语来讲解补充，让学生感觉学了有用。教师的课堂用语很多与文教场有关，授课时可以从这个角度切入，如“打开课本”“翻到第十页”“读课文”“生词”“诗歌”“第五行”“第三句”等等。学生在听中掌握这些词汇能提高他们的学习动机。

3）注重对比

由于“文教场”中的汉字以及词汇大多数是中高级词汇，因而在教学过程中，教师应当更加注重易混词语的辨析。比如“教材”与“课本”有什么不同，“篇”与“段”的使用等等。

第七章　“时空场”对外汉字教学研究

“时空场”共有 96 个汉字，初级的有 69 个，中级的有 18 个，高级的有 9 个。场内汉字的词性主要为名词，包括时间名词和空间名词。从汉字的偏误率来看，“拐”“津”“卡”“址”“奥”“秒”“龄”等汉字偏误率较高，在 0.2 以上；“时”“间”“原”“今”“先”“世”“机”“所”“庄”等汉字偏误率较低，在 0.05 以下。根据对外汉字教学分场字库可以将“时空场”分为时间和空间两个教学场，本章针对时间场和空间场进行重点研究。

7.1　“时间场”概况

分场结果显示时间场中一共有 40 个汉字，初级有 29 个，分别是“古、时、世、期、机、间、初、原、终、今、先、龄、岁、春、年、冬、秋、夏、昨、假、朝、晨、早、昏、宿、晚、夜、秒、未”；中级有 7 个，即“宙、载、旬、旦、晓、夕、宵”；高级有“晌、暇、昼、暮”4 个汉字。从语料库统计的频率来看，时间场中“时、年、间、今、期、机”等汉字出现频率较高，其中“时”字出现频率最高，达 22 951 次，这充分体现了时间场汉字在中国人日常交际中的重要作用以及中国人对时间的重视。场内汉字中“载”“初”“龄”“夏”“昨”“晨”“旦”“晓”“昏”“暮”等汉字偏误率较高。时间场汉字经常与其他语素组合，以词的形式出现。

7.1.1　“时间场”相关研究

目前有关对外汉语时间场教学研究主要集中在对时间词尤其是时间副词的研究以及对时间词的界定与分类上，对时间场汉字教学方面的研究比较少。近年来有向专题教学、语素教学、对比教学方面发展的趋势。

周小兵（1995）在《谈汉语时间词》一文中通过对时点词和时段词进行详细的对比和描写来促进汉语时间词的教学。

温云水（1997）在《对外汉语教学中的时间词问题》一文中提出明确区分时点词和时段词的概念、表达方式以及语法特征能够促进汉语学习者对时间词的掌握。

张凤芝（2003）在《留学生汉语时间表述方式偏误分析》一文中对留学生时间表述偏误进行分析，提出了以下四点教学建议：突出“语素教学”；安排“专题教学”；运用对比方法讲解汉语时间表述语的特点；培养学生正确、良好的思维习惯。

黄丽英（2012）在《汉泰时间词对比研究》一文中将汉语时间词与泰语进行对比并进行偏误分析，针对性地提出加强对汉语本体的认识，加强中泰时间词的对比分析，改进教材的建议。

乔羽西（2013）在《英国学生习得汉语时间词语的考察及偏误分析》一文中分析了英国学生学习汉语时间词语出现的偏误，进一步分析了发生偏误的成因：母语的负迁移、学习策略的影响、教材英文注释的不准确、教师讲解不当及工具书的误导。并提出了相应的教学建议：凸显语素教学的重要作用、归纳专题开展教学、运用比较策略讲述汉语时间词语的特征、引导学生形成正确的思维习惯。

钟珊珊（2015）在《日本留学生汉语时间词的偏误研究》一文中通过对日本学生汉语时间词的偏误进行汇总、分类和分析，从教师、学生和教材三个方面提出了几条建议：教师要注意汉日时间词对比、结构完整性以及时间词作句法成分的情况；学生要克服负迁移、选择合适的翻译工具；教材编写内容上要循序渐进、注释上要恰当翻译。

谢婵（2015）在《留学生汉语时间结构表述方式的显性偏误研究》一文中通过对留学生汉语时间结构表述方式的显性偏误进行考察和分析，并研究其成因，最后针对汉语教学提出以下三点建议：分类讲解，专题呈现；对比分析，减少负迁移；拓展启发，精讲多练。

曾冰洁（2015）在《游戏教学法在对外汉语时间名词教学中的运用——以泰国中学生为对象》一文中选取时间名词为教学实验点来设计汉语教学小游戏，并通过课堂观察、调查问卷、课后访谈等方法印证了游戏教学在泰国中学生时间名词教学中开展的可行性和有效性。

杨德霞（2016）在《基于词汇角度的汉语时间观研究》一文中列举了汉语词汇时间的观念表达法，并阐释了时间观词汇的内涵，认为对外汉语教师应在研究语言结构的同时，从文化背景和思维内涵的角度阐述中国人的环形、过去取向、多向计时制等时间观念，实现语言、文化的同步教学。

7.1.2 “时间场”汉字在 HSK 词汇等级大纲中的分布

在与其本义引申义有关的词中,时间场在HSK词汇等级大纲中分布如下：

一级：时候、星期、今天、先生、昨天。

二级：时间、小时、时间、去年、早上、晚上。

三级：机会、终于、年级、年轻。

四级：按时、当时、及时、平时、暂时、准时、世纪、原来、首先、年龄、放暑假、寒假、请假。

五级：古代、古典、古老、名胜古迹、临时、时代、时刻、时髦、时期、时尚、随时、同时、去世、过期、期间、日期、学期、初级、最初、始终、如今、至今、事先、祖先、青春、年代、年纪、青少年、傍晚、未必、未来、宇宙、中旬、一旦、元旦、除夕。

六级：古董、古怪、考古、不时、顿时、期限、定期、机遇、起初、初步、当初、还原、迄今为止、拜年、常年、连年、年度、朝气蓬勃、凌晨、清晨、及早、黄昏。

在与其本义引申义无关的词中分布如下：

一级：飞机。

二级：机场、手机、房间。

三级：世界、司机、照相机、洗手间、中间。

四级：洗衣机、原谅、原因。

五级：期待、登机牌、机器、空间、卫生间、原料、原则。

六级：举世闻名、举世瞩目、期望、动机、机动、机构、机关、机灵、机密、机械、机智、民间、平原、领先、昏迷、记载、家喻户晓。

7.1.3 “时间场”在 HSK 中的考查点

时间场汉字在HSK中出现频率较高，时间场汉字很少单独在句子中做成分，多与其他语素组合，以词的形式出现，且在听力中考查较多。如：学期、时间、原来、终于、早晨、黄昏等。HSK 等级不同，考查的方式也不同。

1）听力题：

听力对于时间场汉字的考查比较灵活。有发音方面的考查，比如：

判断：

（1）我本来想去看一个朋友，但是今天作业太多，所以只好明天再去了。

我今天去看朋友了。（×）

这是 HSK 一级里面的题目，考查方式较为简单，学习者只要能掌握字音即可选出正确答案。

（2）男：你的文章还没有写完吗？星期三一定要交。

女：推迟一点儿可以吗？星期四，行不行？

男：不行，你一定要按时交。

问：女的什么时候交文章？ （C）

A. 星期四 B. 星期二 C. 星期三 D. 不确定

此题是 HSK 四级中的题目，相对于题目（1）难度有所增加，出现了干扰项，不仅对字音有所要求，也需要理解句意，以排除干扰项。

有时也会结合计算考查。只有在掌握发音，听懂句意的基础上，通过简单的计算才能得分。比如：

（3）男：现在几点了？

女：八点差一刻。

男：可能来不及了，电影就要开始了。

女：急什么？还有 45 分钟呢。

男：对不起，我听错了，我以为八点一刻了呢。

问：电影几点开始？ （B）

A. 八点 B. 八点半 C. 八点十五 D. 七点四十五

（4）女：他经常迟到，你看，今天的会议他又迟到了半个小时。

男：是啊，现在都九点了。会后得批评他。

问：根据对话，可以知道什么？ （A）

A. 8:30 开会 B. 9:00 开会

C. 9:30 开会 D. 他没有参加会议

这两道题目相对于前两道难度等级更高，必须在听懂的基础上对时间进行快速准确的计算，才可得出正确答案。

从 HSK 听力题目来看，HSK 对时间的考查主要集中在月份、星期以及时刻上，且各个等级都会出现。学习者不仅需要熟练掌握时间场汉字读音，还需理解句意，排除干扰项并培养快速计算的能力。

2）阅读题：

阅读题对于时间场汉字的考查形式多样，在填空、搭配、判断等题型中都会出现，短文阅读中出现频率也很高，只有在掌握时间词的基础上才能读懂文章大意。

（1）选词填空。

你知道吗？一年有 8700 多个（小时）。

A. 天 B. 小时 C. 月 D. 星期

（2）搭配句子。

快点儿吧，再有一个小时就要考试了。

搭配题：

（别担心，我坐出租车去，30 分钟就到学校了。）

（3）单项选择。

您是来参加今天会议的吗？您来早了一点儿，现在才八点半。您先进来坐吧。

问：会议最可能几点开始？　（C）

A. 8 点　　B. 8 点半　　C. 9 点

（4）判断正误。

现在是 11 点 30 分，他们已经游了 20 分钟了。

他们 11 点 10 分开始游泳。　（√）

3）书写题：

排序题中经常会出现时间场汉字，学习者必须掌握时间词的语法功能才能得分。此外，在写作题中时间场汉字是不可回避的，使用时间词可以增强文章的逻辑性，时间词掌握得熟练运用合理会使文章如虎添翼。

（1）排序。

① 那座桥　8000 年的　历史　有　了

答案：那座桥有 8000 年的历史了。

② 发表　这篇论文　什么时候　是　的

答案：这篇论文是什么时候发表的？

③ 过期了　零食　已经　这些

答案：这些零食已经过期了。

（2）写作。

请结合下列词语（要全部使用，顺序不分先后），写一篇 80 字左右的短文。

演出　顺利　以前　精彩　错过

参考例文：上周六我的朋友带我去看京剧。我们早上 6 点就出发了，想在演出开始以前到。可是路上很不顺利，堵车堵了 3 个小时。我们到的时候演出已经开始一个小时了，我们错过了精彩的部分。

除了上述专门考查汉语时间的题目，在考查其他知识点的时候，也会出现时间场字。短文阅读中时间场字出现频率较高，写作中时间场字也是不可回避的，在日常汉语交际中更是频繁出现。因此，时间场字是学习汉语、使用汉语所必须掌握的内容。

7.1.4 教学思路

1）由易到难，循序渐进

首先应将时间场内的汉字按照难度进行分级，按照由易到难的顺序教授给学生。像“时、期、今、年、岁、昨”等这类比较简单且常用的汉字应该优先教授，从音形义三个方面对场内汉字进行全面深入的讲解。随着学习者汉语的水平的提高，循序渐进，不断扩充，最终掌握时间场的所有汉字。

2）汉字分类，专题教学

时间场的汉字较多，可以继续分类，分为多个小类场，便于学习者对大量的时间字进行系统的理解记忆与内化。可以分为“时期”“时间”“四季”“年月”等各个小类场，在对场内汉字进行过初步的学习后，将汉字按照小类场进行初步系统化整理，引导学习者进一步对所学汉字进行系统性的回顾，深化记忆。

3）注重对比，减少迁移

要将汉语时间场汉字与学习者第一语言进行对比，减少负迁移。可以从汉字字形、文化传统等方面来讲解，以加深学习者对于这些汉字的理解。比如韩语的“시간”是汉语“时间”的汉字词，但是韩语中的“小时”也是用“시간”来表示。因此，韩国学生在学习“时间”和“小时”时可能会受到母语的干扰，产生混淆。所以韩国学生在学习汉字“时”以及含有“时”的词语时，必须与韩语区分开来，减少母语的干扰。

4）注重联系，以字带词

时间场汉字多与其他汉字结合以词的形式出现，在分场教学中要注重与其他场内汉字相联系，比如时间场与颜色场相联系，可以联想“黄昏、白昼、黑夜”等词，并创设一些有实际意义的语境，对这些词语进行操练直至熟练运用。语素教学利于学习者更好地理解词的含义。对于场内汉字，可以从前位语素、后位语素两个方面列举它所能构成的词，比如汉字“期”，作前位语素时可以构成“期望、期待、期盼”等词，作后位语素时可以构成“星期、日期、过期”等词。仔细观察不难发现，“期”作前位语素和后位语素时意义是不同的，这样区分开来会有利于学习者对于含“期”的词语进行准确记忆与理解。

5）紧密结合 HSK

时间考查一直是 HSK 的一个重点，在听力考试中经常涉及时间的计算及判断。如“年初”“八月底”“年终”“年底”“九月中旬”等说法，另外时间点和时间段的判断也是一个考查点。时间词经常和某些副词一起使用，来表示某个时点或时段，如“快八点了”“下课提前了五分钟”等等。老师在授课的时候应该结合 HSK 进行针对性的教学，多归纳多总结。

7.2 “空间场”概况

分场结果显示“空间场”内共有 56 个汉字，这 56 个汉字都是名词。其中包括初级、中级、高级三个级别。其中初级汉字共有 40 个，分别是“部、位、座、北、东、西、南、上、下、左、右、间、前、央、中、内、外、边、际、郊、旁、天、处、址、境、界、卡（qiǎ）、决、洞、拐、乡、村、程、途、场（cháng）、场（chǎng）、舍、市、所、哪”等。中级汉字是“奥、野、域、源、塞（sài）、缝（fèng）、孔、庄、径、弄（lòng）、窟”这 11 个。高级共有 5 个，分别是“堡（pù）、墟、隘、津、堡（bǔ）”等。根据频率来看，初级字和中级字出现的频率远高于高级字，在初级字中，“东、西、南、北、上、下、左、右、内、外、决、天、间、前”等字出现的频率是较高的。就汉字偏误率来看，初中级的汉字偏误率总体上低于高级字，但是也有个别初级汉字的偏误率远远高于中高级字，如“北”的汉字偏误率高达 4.24，其他初级汉字的偏误率仅在 0.02 ~ 0.80 左右。另外结合频率和 HSK 真题，我们发现，空间场中的汉字表达具体空间场所时，往往是基本意义；但“北”这个字，除了指方位上的北，还出现了“北漂”“北上”这样一些含有文化色彩的内容。所以针对不同水平的留学生，我们把总的空间场又分为多个小场，比如表示地点的、表示场所的、表示东西南北的等等。

7.2.1 “空间场”汉字在 HSK 词汇等级大纲中的分布

HSK 词汇等级大纲中包含“空间场”汉字的词语有：

一级：前面、后面、东西、上午、下午、下雨、中午、哪儿、上班。

二级：右边、早上、左边、晚上、旁边。

三级：北方、以前、一边、中间、马上、解决、决定。

四级：农村、其中、市场、提前、座位、聊天、内容、全部、西红柿、过程、另外、到处、好处。

五级：部门、处理、操场、长途、此外、地址、房东、拐弯、广场、集中、家乡、郊区、空间、目前、哪怕、内科、期间、前途、半途而废、天空、天真、下载、用途、中介、中心、中旬、俱乐部、单位、地位、资源、能源、田野、领域、决赛、决心、课程、日程、启程、讲座、程度、程序、工程师、格外、外交、意外、从前、相处。

六级：北极、边界、边境、边疆、岗位、不相上下、部署、部位、场合、场面、场所、城堡、处境、当场、当前、东张西望、东道主、洞穴、都市、方位、故乡、航天、间谍、间隔、间接、境界、局部、空洞、立场、例外、内涵、内幕、内在、起源、启程、圈套、人间、上级、上进心、上游、上瘾、途径、外表、外行、外界、外向、下属、先前、现场、乡镇、眼下、中断、中立、中央、周边、左右、做东、位于、学位、职位、诸位、裁缝、津津有味、狭隘、源泉、电源、根源、来源、庄严、庄重、田径、途径、奥秘、深奥、视野、野蛮、野心、区域、否决、决策、判决、表决、拐杖、锦绣前程、里程碑、章程、专程、额外、前景、前提、先前、当前、跟前、空前绝后、座右铭、边缘、处分、处置、恰到好处。

以上词汇中，有的词语虽然包含空间场中的汉字，但是在这些词语中，汉字的意义已经脱离它本身在空间场中的意义，这些词有：

一级：上午、下午、下雨、中午、上班。

二级：晚上。

三级：决定、解决、马上。

四级：聊天、全部、西红柿。

五级：处理、房东、目前、哪怕、天真、中介、资源、能源、决赛、决心、课程、讲座、程度、程序、工程师、格外、外交、意外。

六级：部署、当前、东道主、间接、立场、例外、起源、圈套、上级、上进心、上瘾、外行、下属、眼下、中断、做东、学位、职位、诸位、裁缝、津津有味、根源、庄严、庄重、野蛮、野心、否决、决策、判决、表决、拐杖、章程、额外、前提、座右铭、恰到好处。

在日常生活中，我们经常使用的表示空间的词语还有：部位、内部、局部、东南西北、北门、东方、指南针、山上、上面、上下左右、中央、中心、内衣、内科、前边、外边、城郊、郊游、野营、营地、疆域、桌边儿、天际、发际线、旁观、两旁、天桥、各处、住处、长处、好处、益处、旧址、地址、边界、国界、省界、国境、入境、废墟、要塞、边塞、关卡、山洞、老鼠洞、墙缝、裂缝、缝隙、鼻孔、针孔、拐角、乡村、城乡交流、路程、村庄、启程、坦途、半途而废、捷径、小径、市场、飞机场、当场、现场、下场、宿舍、住所、石窟、洞窟、窟窿等。

这些常用的词语大致可以分为三大类：一类是固定搭配，已经约定俗成的词语，表达一定的意思，如：东西南北、上下左右、半途而废等。一类是专用名词，如指南针、发际线、鼻孔等。另外一类是没有什么独有的特征的常用词语，例如：中心、北边、上面等，教师可以根据学生水平和情况灵活补充。

7.2.2 “空间场”相关研究

空间方位词是汉语中一大词类，占据着举足轻重的地位，在日常生活中使用频率极高，同时它们也体现着一定的文化现象。有许多学者对此进行了相关的研究和探讨，也有一些学者提出了针对空间方位词的教学方法，为后来的研究人员提供便利。

吴琳在《对外汉语教学中的方位文化教学》一文中说：“空间方位是我们能看得见的，于是华夏民族在长期的生产劳动和社会实践中形成了对自然和社会的认识，当然也就形成了对空间方位的认识。人们用有形世界的方位来表达意识领域的尊卑。在汉语中，方位词被使用得很普遍广泛，是人们生活中表达思想、情感、客观存在等的一个重要方式。”她主要研究“上、下、左、右、前、后、中”这几个字在空间方位文化方面的教学，认为空间位置与地位、身份的尊卑贵贱有密切联系，无论是中国古代还是现在，在生活中都有所体现。就像古人以中为尊、左右为卑；按行辈论次，在前（先）者为尊为长，在后者为卑为幼，这是时间概念上的尊卑观；与人同行时让人在前，自己在后，这又有方位概念上的尊卑观。在该文最后，她提出三点教学方法：直接阐释法；联想法；实践法。

牟萍在《从汉语方位词“外”“内”再探俄汉亲属称谓》中以俄汉的“内”“外”为例探究了空间方位词与其亲属称谓的关系，认为在汉语中“内”有一个阶段表示女性及女性亲属的地位低于男性宗族或者比较疏远的一方。比如女方的“外公”“外婆”和男方的“爷爷”“奶奶”就有明显的亲疏差别，还有“外孙女”和“孙女”的差别，等等。

赵广珍在《方位词及其修饰色彩》中主张空间词还有修辞的用法，认为空间方位词虽然经常放在别的词或词组后面，组成表示方位的词或词组，例如“会议室里、桌子上边、开会之前”等，但是单独使用时，只要使用得当，也会有意想不到的效果。比如：方位词对应使用，结构对称、意义互补。“东站站，西走走，南瞧瞧、北望望。"一句中的空间词对应使用，把人物形象刻画得活灵活现。空间方位词重叠使用，增加语言节奏鲜明性、意义深刻性。"里里外外一把手，穷人的孩子早当家。""候机楼里里外外挤满了得到消息后赶来送灵的人们。"

张积家、谢书书和秀梅三位学者在《语言和文化对空间认识的影响——汉族和纳西族大学生空间词相似性分类的比较研究》中主要对比研究了汉族和纳西族大学生空间词相似性分类，最后得出汉族大学生的空间认知围绕着四个主题：三维方位、边界、空间饱和程度、视觉距离。汉族大学生空间词的概念结构有两个维度：① 方位/状态；② 以观察者为参照 / 以物为参照。文中还提到 Levinson 的一些观点：Levinson 通过比较多种语言和文化的空间认知，确认空间语言和空间认知紧密联系。他将人们在描述空间位置和空间关系时依据的参考框架归纳为三种：第一种，绝对参考框架，以太阳升落和地球磁场为参照，常用的空间词有东、西、南、北；第二种，相对参考框架，以观察者为中心，常用的空间词有前、后、左、右；第三种，固定参考框架，以空间中的物体为中心，常用的空间词也是前、后、左、右。有的语言中只存在表达一种参考框架的词，而另一些语言中则存在表达两种或两种以上的参考框架的词。另外，我们可以科学地借鉴这些观点，结合留学生的认知特点以及他们国家的空间文化来对他们进行空间词的教学。

刘旭宝、程放明在《汉日语方位词的特性与作用分析》(2007) 中研究了的特性和作用，由于日语中的空间方位词大多都是由汉字构成，所以从结构上看，日语和汉语的方位词系列非常接近。与前面所提到的研究有所不同的是，该学者着重研究了空间方位词的语法作用。方位词在句中做主语、宾语、定语、状语、补语。在修辞方面的作用与赵广珍的观点有几分相似，发现日语和汉语都有此用法。

从以上研究可以看出，研究"空间场"的文章比较多，而且针对对外汉语的研究也有不少，这更加证明了这一类词在对外汉语教学中的重要性。

7.2.3 "空间场"在 HSK 中的考查点

HSK 等级考试中，考查空间方位词的题目比比皆是。分别出在不同的题型中，考查方向也有所不同，但是基本上以听力题居多。

1）听力题：

（1）女：你中秋节在哪里过？

男：在自己家过吧，不热闹；回老家吧，又太远了，真是左右为难啊。

问：男的的计划是什么？（C）

A. 还没决定　　B. 回老家

C. 在自己家过　　D. 哪都不去

这道题的答案应该是 A，从原文中的“左右为难”可以做出判断。但是如果留学生不了解“左右”除了表示具体的空间方位外，还有其他的意思，那么这道题就很难做对了。

（2）男：我今天在网上买了一台新的饮水机，买来了就放在客厅吧？

女：不好吧？我觉得放在沙发那边挺好的，你觉得呢？

男：我觉得还是放在电视旁边吧。

女：嗯，我看也行。

问：他们决定把新的饮水机放在哪儿？（C）

A. 客厅　　B. 阳台上　　C. 电视旁边　　D. 沙发旁边

显然答案是电视机旁边。

（3）男：请问，餐厅在哪儿？

女：教学楼的西边就是中餐厅，西餐厅在教学楼东边。

问：西餐厅在哪儿？（B）

A. 教学楼西边　　B. 教学楼东边

C. 东餐厅旁边　　D. 教学楼北边

答案是 B

2）阅读题：

（1）大家好，我是你们的导游王晓丽，欢迎大家来济南旅游。现在是北京时间下午三点五十分，大家先回宾馆休息休息，晚上新意广场会有一场舞蹈表演，想要看表演的人，请先到我这里领一下报名表。另外我这里还有我们这三天的行程表，大家可以拿回去看看。

问：他们要在哪个地方旅游几天？（三天）

答案：在济南旅游三天。

主要考查的是“行程”这个词的意思，“三天的行程”就是一共要在济南玩三天。

（2）选词填空。

从这儿（B）左再走 100 米，你就会看见一个饭馆儿。

A. 到　　B. 往　　C. 给　　D. 和

答案解析：从结构和语法上看，这里缺少一个介词，“介词+东/西/南/北/上/下/左/右”常用来表示方向，所以这道题应该填“往”。通常情况下，我们一般都说“往/向南”“往/向北”，这也是考查空间方位词的介词搭配问题，所以在教学中，不能忽略这一点。

（3）判断对错。

① 这条路离城里很远，所以很安静，没有公共汽车，只有一两辆小汽车和自行车。

这条路在市里。（×）

② 很抱歉，我们商场由于有些楼梯要修理，所以要到10号以后才开门。

现在商场没开门。（√）

③ 昨天的考试比较顺利，题目虽然很多，但是大部分同学都提前交了试卷。

试卷太难了。（×）

④ 我们家附近有个小饭馆菜做得不错，也挺便宜的，所以去的人很多。

小饭店离我们家很远。（×）

7.2.4 教学思路

语言不仅是沟通交流的工具，更是传播文化的桥梁。在对外汉语教学中体现得尤为明显。一种语言中的文化背景、文化内容，与老师在课堂上的渗透、串讲是分不开的。对外汉语教学的实践告诉我们，那种“就语言教语言”的传统方法已经不能适应对外汉语学科发展的需要。所以基于我们提出的分场教学，我们认为空间场的教学可以参照以下方法来进行：

1）结合情景进行教学

结合具体场景先将空间词的基本意义教授给留学生，然后适度补充空间词中蕴含的文化意义。如“做东”“坐北朝南”“一人之上”等等，也可以结合中国具体的地名来学习空间场汉字，如“湖北”“山东”“湖南”“山西”“陕西”“云南”“济南”等。

2）根据不同国别之间空间词的区别和联系进行教学

研究发现不同语言和文化的人在颜色知觉、典型性判断、时间表达、数的表达、语法性、亲属词认知、社会知觉和判断等方面存在差异，那么在空间词的认知上也存在着一定的联系与区别。比如汉语和英语的空间词都常用来表示时间。但是，英语讲话者常对时间做水平方向的隐喻，汉语讲话者对时间作“前”“后”之类的水平方向的隐喻也很常见，但却更经常地作垂直方向的隐喻，如“上下五千年”“上个月”“下周”等。

3）关注与其他场的联系

前面提到亲属场可以和数字场联系，它们和空间场中的某些空间词也是可以联系起来的，例如可以跟亲属场结合组成“外公、外婆”“内人”等词语。还可以和时间场相关联如：“十点半前”“十一点前后”。

4）加强实践练习

留学生对空间词的认识，除了老师的讲解外，还要靠自己的亲身实践才能牢记于心。老师可以布置一些具有可操作性的作业，让留学生分组完成，最后课堂报告。如可以带他们去超市买东西随机提问物品位置，让他们用空间场词语进行回答。

第八章　“特征场”对外汉字教学研究

“特征场”中共有394个汉字，大部分是形容词和名词。其中，初级汉字有210个，中级汉字有105个，高级汉字相对较少，有89个。从汉字偏误率来看，整体上的偏误率是在0.02～0.2之间的，但是有少部分汉字的偏误率极小或是极大，与整体的偏误率出入较大。比如在这394个汉字中，初级汉字“那”的偏误率仅有0.005 5，初级汉字“老”的偏误率也仅有0.007 6；但是初级汉字“独”的偏误率却高达11.22，汉字“满”的偏误率也有3.81；还有偏误率为0的现象，这部分汉字一般出现在高级汉字中，比如高级汉字“鄙、畸、凸”等。还有一部分偏误率在0.2以上，但是不算太高的，比如初级汉字“蛇”为0.3，高级汉字“斑”“幻”等，差不多在0.4～0.5之间。我们把整个“特征场”分为7个教学场：“外形、表象、颜色、味道、性质、德才、境况”。本章重点研究外形、表象、颜色、味道和性质5个场的教学。

8.1　“外形场”概况

分场结果显示，外形场中共有53个汉字，都是形容词。其中初级汉字31个，中级汉字14个，高级汉字8个。初级汉字有：短、永、矮、低、高、大、微、小、宽、窄、薄（báo）、薄（bó）、浅、深、粗、细、肥、胖、瘦、平、蛇（yí）、弯、直、挺、端、偏、歪、正、方、格、团；中级汉字有：崇、崭、巨、硕、纤、敞、旷、扁、幽、阔、曲、枉、坦、陡；高级汉字有：卓、宏、渺、畸、颇、凹、凸、峻。从汉字偏误率来看，汉字笔画相对简单的，汉字偏误率整体较低；汉字笔画复杂的，偏误率就偏高。比如初级汉字里面的“瘦”和“蛇”的偏误率分别是0.248 3和0.307 7，中级汉字中的“幽”的偏误率达到0.208 8，高级汉字的“渺”的偏误为0.259 3。从汉字出现频率来说，初级汉字总体上的出现频率较中高级汉字来说是最高的。外形场，顾名思义，就是用来描写一个人或者物体的外形的汉字场，这一类汉字在生活中是经常使用的，也是教学中的一个重要方面。

8.1.1 “外形场”汉字在 HSK 词汇等级大纲中的分布

“外形场”汉字在 HSK 词汇等级大纲中的分布如下：

一级：高兴、小姐。

二级：大家、小时。

三级：提高、长大、小心、水平、一直、北方、地方、方便。

四级：永远、降低、高级、大概、大使馆、大约、扩大、小说、稍微、博士、粗心、详细、仔细、减肥、平时、直接、方法、方面、方向、正常、正好、正式、正确、性格、严格、表格、合格、价格、硕士、幽默。

五级：短信、缩短、高档、高速公路、大方、大象、大型、广大、巨大、伟大、微笑、胆小鬼、缩小、小吃、小伙子、小麦、小气、小偷、博物馆、深刻、细节、简直、肥皂、公平、和平、平常、平等、平方、平衡、平静、平均、拐弯、改正、立方、双方、对方、方案、方式、资格、风格、格外、艰巨、巨大、坦率。

六级：短促、永恒、贬低、崇高、高超、高潮、高峰、高考、高明、高尚、高涨、兴高采烈、博大精深、大臣、大伙儿、大厦、大体、大意、大致、放大、恍然大悟、庞大、略微、微不足道、微观、无微不至、渺小、小心翼翼、宽敞、狭窄、博大精深、博览会、赌博、根深蒂固、深奥、深情厚谊、深沉、资深、粗鲁、精打细算、细胞、细菌、细致、肥沃、化肥、平面、平坦、平行、平原、直播、垂直、理直气壮、争端、弊端、端午节、端正、极端、尖端、偏差、偏见、偏僻、偏偏、歪曲、正当、正规、正经、正义、正气、更正、公正、纠正、千方百计、方位、方言、方针、官方、人格、格局、格式、规格、集团、团圆、团结、团体、崇拜、崇敬、崭新、纤维、敞开、宽敞、旷课、广阔、开阔、辽阔、冤枉、平坦、坦白、陡峭、卓越、宏观、宏伟、渺小、凹凸、严峻。

上述词语中，有的虽然包含外形场中的汉字，但是意义发生了变化，与外形场的联系不大或者完全没有联系。这样的词语有：小时（二级）、小心、北方、方便（三级）、方法、方面、方向、正常、正好、正式、性格、严格、合格、价格、幽默（四级）、简直、肥皂、平方、平均、立方、对方、方式、资格、风格、格外（五级）、赌博、化肥、直播、争端、端午节、极端、尖端、千方百计、官方、人格、敞开（六级）等。并且从这些词中，我们会发现：“方”“格”和“端”几个汉字的意思变化的比较多，相关词语相对来说也是较多的。

8.1.2 “外形场”相关研究

“外形场”中大部分是形容词，说到形容词，我们不难想到成对出现的形容词。反义关系及对立关系是词汇中的一种重要的语言现象。根据语义场理论对反义关系进行分类并解释其语义特征，这有助于我们更好地掌握语言和运用语言，以达到学习的目的。李燕燕（2002）在文章中表示，反义词可以分为可分级反义词、互补反义词、关系反义词和方向性反义词。研究词的反义关系和对立关系对我们掌握词义是非常重要的。

“整体规划词汇教学主要内容这一步骤，犹如把一盘零散的珠子串联起来。”（曹俊，2002）教师在整体把握了词汇的主要内容后，他通常可以找到词汇间存在的内在联系，对所讲授的内容有一个全盘性的掌握，使得讲授内容之间增加衔接和系统性。

林汝昌和李曼珏（2006）在《语义的对比关系和对立关系》中说：“语义的对比和对立关系是最常见的语义关系。在日常生活中，人们无时无刻不在运用对比、对立关系来确定人和事物的准确方位、性质特征等等。”此篇文章从语义学的观点出发，把这种关系分为四大类：可分级反义词、互补词、对立词以及多项不相容词，并逐项论述了它们之间的逻辑关系及各自的特点。

林亦（2001）在《“凹”字的形与音》一文中，通过对“凹”字形与音的讨论，认为对音韵文献的研究应重视汉字形与音的复杂关系。

栗学英（2006）在《汉语史中“肥”“胖”的历时替换》一文中提出汉语词汇史中表示人“肥胖”的词语，经历了由“肥”到“胖”的转变。其中，“肥”使用的历史最久，范围最广，构词能力较强；胖，在上古主要表示安适、舒坦，金末元初产生肥胖义。由于语言表达的日渐精细化，明代前期“胖”与“肥”的使用逐步分化，在北方方言中“胖”最终取代“肥”，成为现代汉语中形容人肥胖的主要词语。

徐晓佳（2010）在《“深”与“浅”概念隐喻的翻译研究》一文中，以认知语言学为框架，以北京大学汉英双语语料库为主要语料来源，研究“深”/“浅”与“DEEP”/“SHALLOW”概念隐喻的共性与个性，并采取定性与定量分析相结合的方法对“深”与“浅”概念隐喻的翻译现象进行考察。

赵彬彬（2012）在《韩中空间形容词‘깊다/얕다’和‘深/浅’的语义对比》一文中，在前人研究的基础上，以现代韩语空间形容词中的“깊다/얕다”与汉语的“深/浅”为研究对象，在实指义和隐喻义上分别进行了对比分析，在此考察的基础上得“깊다/얕다”和“深/浅”语义上的异同点，同时也考察了“깊다/얕다”与“深/浅”的不对称现象。由于各民族的

文化背景、认知模式以及语言结构的不同，两种语言在其表现形式上呈现异同。

崔馨丹（2015）在《汉韩空间维度词“厚/薄”和“두껍다/얇다”的对比》一文中，选取了汉语空间维度词“厚/薄”和韩国语空间维度词“두껍다/얇다”这一常用的空间维度词作为研究对象，运用认知语言学理论，从共时平面对没语空间维度词“厚/薄”与韩国语空间维度词“두껍다/얇다”的基本义、转喻义及隐喻义、句法等方面进行对比分析，揭示“厚/薄”和“두껍다/얇다”的共性和差异。

8.1.3 “外形场”在 HSK 中的考查点

1）听力题：

四级：

（1）我特别喜欢这个饭馆，经常在这里吃饭。虽然地方不大，也比较远，但是这里的菜很好吃，而且环境也很好。

问：这个饭馆有什么缺点？

答：地方有点小，距离比较远。

这道题中，首先要判断出要选择的是缺点，而不是优点，然后再确定缺点是：地方不大，比较远。

这道题中就考查了“大”和“小”这两个外形场中的汉字，考查了“不大”的意思就是小，间接考查了一对反义词。

（2）这个小书店要什么书都没有，真是不能跟大书店比。

判断：这个小书店比大书店好多了。（×）

不能跟大书店比，就是说小书店没有大书店好。

（3）这条路很窄，而且车比较多，你开车的时候要注意安全。

问：这条路怎么样？

答：很窄，路上车很多。

这道题考查了外形词“窄”，与它相关的常用词有狭窄、冤家路窄等。

（4）女：你为什么不高兴啊？

男：房间就这么大，家具都放不下，一张桌子三个人用，孩子放学回来后，想看书都不行。

女：那也没办法呀。

男：我们要想办法买个大点儿的房子。

判断：他们的房间很大。（×）

因为在文本中说，“房间就这么大，家具都放不下……”留学生们很有可能听见“这么大”以后就觉得房间很大，导致错误的产生。

（5）男：我感觉自己很帅，眼睛大大的，鼻子高高的，没人比我更好看了。

女：真的吗？我怎么没看出来？

问：男的自己觉得自己怎么样？

答案：眼睛大，鼻子高。

这里的“大”和“高”是外形词最基本的用法，用来描述一个物体或者身体部位的外形。

（6）女：我想把头发理得短一点儿。

男：已经很短了。

女：我的意思是再短一点儿。

问：女的想要什么样的头发？

答：非常短的。

（7）男：你上次买的减肥茶怎么样？

女：你看不出来吗？还和从前一样。

问：女的现在的身材怎么样？

答：还是很胖。

这答题中考查了“肥”的相关词语——减肥、减肥茶，并且通过“你看不出来吗？还和从前一样”，可以判断出：女的现在还是很胖。

（8）我学习上不够细心，一些考试本来可以考一百分的，就因为不细心，总会丢几分。

问：根据这段话，我们可以知道说话人是一个什么样的人？

答案：说话人是一个粗心的人。

间接考查“粗”“细”的用法，文中并没有出现粗心一词，只有不细心，所以还要靠留学生在学习的时候扎实的积累知识。

三级：

（9）女：您怎么站着看电脑？

男：我最近胖了，站着看能瘦一点儿。

问：男的最近怎么了？

答案：男的最近胖了。

（10）学校的大楼不如商店的大楼高。

问：什么的大楼更高？

答案：商店的大楼更高。

2）阅读题：

四级：

（1）学校通知 7 月举办运动会，要求学校师生都参加。最近快要期中考试了，同学和老师们都有些压力，参加这个活动可以使我们放松一下，而且在准备的过程中，同学们之间的友谊也会越来越深，师生之间的关系也会越来越好。

问：这个活动会使同学们之间变得怎么样？

答案：友谊变得越来越深。

这答题中的“深”就不再是单纯的描述一个具体的东西的外形词，而是对抽象事物的描述。这也是外形场中汉字的一类用法。

判断

（2）原来以为这雨该停了呢，现在不仅没有停，还越下越大。

雨越下越大。（√）

（3）小明，你能不能站直了走路，别总是弯着腰。

小明走路总是弯着腰。（√）

8.1.4 教学思路

1）利用同义词和反义词的归类、对比进行教学

利用同义词和反义词的归类与对比进行教学，可以培养学生对词汇进行联想、搭配以及运用的能力。拿“胖”这个汉字来说，教学的时候可以把意义相近的几个汉字告诉留学生，但是不能太急于求成，补充太多，可能导致留学生不能有效理解。所以，在适当补充的同时，对于那些意义相近但又不完全相同的汉字、词语，我们还可以进行简单的辨析。辨析可以围绕词义、搭配、感情色彩等几个方面进行。

2）注重搭配的教学原则

不能分清汉字和词语的使用对象是留学生在学习汉语时的一大难题，所以在教学中我们要注重搭配教学，比如“肥”和“胖”都是描述外形很壮，但是“肥”一般不用来描述人，而是用来描述动物、植物等，比如特别肥的猪、牛，肥厚的仙人掌等等。如果不告诉留学生这些，他们可能就会产出“他很肥。”这样的偏误句。

3）扩展引申教学

比如说“深”，它除了描写河流、水、峡谷等具体事物很深以外，还可以描写人们之间的感情深、友谊深，意义偏抽象。与之类似的还有“大”，除了描写某个物体外形大以外，还可以描写事物之间差距大，比如：我和我姐姐之间的年龄差距很大。

8.2 “颜色场”概况

分场结果显示“颜色场”中一共有 13 个汉字，初级有 9 个，分别是“红、黄、绿、青、紫、白、黑、皂、彩”；中级只有 1 个，即“素”；高级有“赤、殷、彩”3 个汉字。从语料库统计的频率来看，颜色场中“白、红、青、黑、黄、绿”等汉字出现频率较高，“白”字出现频率最高，达 2 260 次，这充分体现了颜色在中国人日常交际中的重要作用，同时也表现出中国丰富的颜色文化。根据语料库提取的句子来看，虽然有的颜色类字出现频率较高，但并非都表示其基本义，比如“红”字出现的频率较高，但它并不只表示其基本的颜色意义，在很多情况下，“红”字表示的是它的文化意义。场内汉字中，“赤”“殷”“皂”“素”“斑”等汉字偏误率较高，在 0.2 以上；“红”字偏误率最低，为 0.0413。结合出现频率和 HSK 真题，我们发现具有文化意义的颜色类字使用频率普遍较高。可见，在汉语教学中，单纯地讲解颜色类字的读音和基本义是远远不够的，要兼顾其蕴含的文化意义。

8.2.1 “颜色场”相关研究

有关对外汉语“颜色场”教学研究主要集中在对颜色词的研究上，立足于词本位。在对外汉语颜色词方面的研究相对于国内颜色词本体研究略显薄弱，且大多集中在汉英颜色词的对比研究上。近年来对于汉语颜色词的教学呈现出向系统化、专题化、重视字本位方向探索的趋势。

辛亚宁（2005）在《从“这个歌星很白”看颜色词的对外汉语教学》一文中以“红”“黄”“白”为例，详细地阐述了颜色类字的文化附加义，探讨了留学生在学习汉语颜色词时出现文化偏误的原因，强调在颜色词的文化教学中注重一语和二语之间颜色文化差异的对比，充分发挥学生的想象力。

李顺琴（2007）在《汉英颜色词对比研究——兼及汉语颜色词的教学策略》一文中，从词汇教学、文化教学、教材编制使用以及课堂讲授方式四个方面提出了相应的颜色词教学策略，对颜色词分级别教学、对词义分等级教学、按级别分阶段教学进行了论述。

何秀峰（2007）在《从“红”与“red”的语义对比看对外汉语词汇教学》一文中通过对个案“红”与“red”的语义对比及对外汉语教材中“红”的释义与翻译的调查，强调在对外汉语词汇教学中要重视汉外词语对比以及在跨文化交际过程中要注意如何发现、认识和对待不同文化之间的差异，根据学习者水平的提高而逐步深入挖掘颜色词的文化附加义，对不同国家的学生要有不同的侧重点。

陈慧（2011）在《浅析对外汉语中颜色词的文化内涵教学》一文中从汉语基本颜色词的组成、对外汉语中颜色词文化内涵的重要性、颜色词文化内涵教学方法等方面来探讨对外汉语中颜色词的文化内涵教学，提出用联系和发展的观点看待颜色词的文化内涵教学、注重中外颜色文化的比较结合、教学内容循序渐进以及把语言文化知识与语言实践相结合的教学策略。

王玥（2012）在《对外汉语教学中基本颜色词研究》一文中通过分析跨文化视角下汉语基本颜色词的文化内涵以及留学生出现的偏误，提出了基本颜色词的五个教学原则，即直观教学、多媒体辅助、逐渐渗透、对比教学和教学重现；并给出了教学技巧和注意事项。

杨倩（2013）在《从文化的角度看对外汉语教学中的颜色词教学》一文中，在对对外汉语教学的颜色词教学现状及不足进行分析的基础上，提出了四条建议：根据教学阶段系统性地讲授颜色词基本义和文化内涵；对不同国别的学生要因人施教；课程安排上文化与语言并重；采取灵活多样的教学模式。

周妮（2014）在《从“红”字文化义看颜色词在对外汉语教学中的策略》一文中从“红”字的文化附加义出发，根据文化词汇在对外汉语教学的重要地位来分析颜色词在教学中的应用，在教学方面要合理安排教学大纲、重视文化附加义的讲解、在跨文化视角下做中西文化对比分析，可以定期开展中华民俗文化的相关讲座。

周毅芳（2014）《对外汉语教学中的颜色词研究》一文中创新性地提出了颜色场的教学策略：在颜色场教学中，教师有义务在一定阶段内，针对学习者的汉语水平，对汉语颜色词从基本颜色字、含有基本颜色字为表色语素的颜色词和颜色词在句子中的用法三个方面进行集中的梳理和复习，打通零散学习时学习者的理解障碍，消除学习误区。

刘慧、边玉芳（2014）在《留学生汉语基本颜色词习得模式诊断研究——以规则空间模型为工具》一文中，以规则空间方法对留学生基本颜色词的习得模式进行诊断，并提供“学习之路”供补救参考。

孟晓雪（2015）在《对外汉语教学中的颜色词研究及教学初探》一文中提出对颜色词实行专题性教学的设想。

任琳琳（2015）在《汉语颜色词与对外汉语教学研究》一文中对汉语颜色词进行本体研究，通过对留学生颜色词的偏误分析，提出了语素教学与字本位理论以及文化导入的原则。

8.2.2 “颜色场”汉字在 HSK 词汇等级大纲中的分布

“颜色场”汉字既可独立成词也可与其他汉字组合成词，这里主要对 HSK 词汇等级大纲中颜色场汉字构成的常用双音节和多音节词进行列举。

二级：颜色。

三级：明白、黑板。

四级：西红柿、精彩。

五级：黄瓜、黄金、青春、青少年、肥皂、出色、角色、景色、朴素、因素、彩虹。

六级：分红、红包、黄昏、苍白、蛋白质、空白、斑纹、粉色、气色、赤道、赤字、光彩、剪彩、彩票。

8.2.3 “颜色场”在 HSK 中的考查点

“颜色场”汉字在 HSK 中出现频率较高，不仅考察基本义，更多的是考察它们的文化意义，多出现在阅读中。如：明白、走红、白领、亮起了红灯、素有、青春、素不相识、红眼、黑市、红火、分红、白手起家等词语。

1）听力题：

听力对于颜色字的考查主要体现在发音方面。学习者需要完全掌握颜色类字的发音才能够选出答案。比如：

男：小王，这里有几个杯子，哪个是你的？

女：左边那个黑色的是我的。

问：小王的杯子是什么颜色的？（A）

A. 黑色　　　　B. 灰色

2）书写题：

结构和笔画是留学生学习汉字的主要困难之一，尤其是对于非汉字文化圈的学生来说，汉字结构和笔画多样，极易写错。此外，汉字中还有许多形近字，留学生往往不能明确区分它们的差别而出现书写错误，如：（括号内为错误用法）

我以为他年纪很大，因为他是白（百）头发。

3）意义理解题：

人们对颜色所寄予的情感使得颜色词具有一定的理性和象征意义，因此在不同的语境和情感下要使用不同的颜色词。留学生由于对颜色词的意义内涵理解不准确，往往会望文生义，造出颜色词使用不当的句子。如：（括号内

为错误用法）

（1）外面满天乌（黑）云，一定会下雨。

在汉语中，“黑”与“乌”虽然在颜色场中同属于一个小类场，但两者的意义是有差别的，单纯指阴天的云一般用“乌云”；而“黑云”不仅表示“黑色的云”，还象征一种压抑紧张的环境或者反动势力。学生如果只从颜色上进行描述，而忽略了词语的象征意义，就会造成使用上的偏误。

再如：

（2）不要灰（黑）心，我们还有赢的机会。

（3）这几天，我的心情非常灰（黑）暗。

《现代汉语词典》中“黑心”有两个含义，一个作名词表示阴险狠毒的心肠，另一个作形容词指的是心肠阴险狠毒。而“灰心”指的是意志消沉。所以句（2）应该用“灰心”。词典中，黑暗有两个义项，一个指没有光，另一个指社会状况、统治势力等腐败，落后，无公平正义。均无句（3）用法，所以应是我的心情很“灰暗”，这里“灰暗”指暗淡，不鲜明，意志消沉。

4）语法使用题：

颜色词的语法功能非常复杂，在句中既可以做主语、谓语、宾语，又可以做补语、定语等，留学生容易混淆颜色词的语法功能，造出错误的句子。如：（括号中为错误用法）

失败使他觉得很灰心，这个念头（灰心）一直存在在他心里。

“灰心”可以是动词、形容词，但不能作为名词来做主语，只能作为形容词来形容主语“念头”。

他说的话就（白白）了。

学习者误将副词“白白”当动词使用，是完全错误的。

5）文化内涵题：

在同一文化的不同语境中，颜色词所体现的文化意义也是不同的。留学生由于对目的语文化不了解，对颜色词文化意义的理解往往较为单一，容易以偏概全，在表达中就会出现失误。如：

这个歌星很红（白）。

A. 白　B. 黄　C. 红　D. 黑

“红”在形容人或事物时有“流行、受欢迎”的意思，如“这个明星很红”；但“红眼”则有“发怒”“嫉妒”等含义，如“气红了眼”。学生如果不知道“红”字深层的文化含义，很容易出现理解上的错误。

8.2.4 教学思路

1）循序渐进

对于初级阶段的学习者，首先教授初级的单个颜色类字，主要包括发音、字形和基本义；颜色场中所有初级汉字学完之后，采取分场教学法，对颜色场内的初级汉字进行系统的复习，也有利于了解知识的系统性。随着学习者汉语水平的提高，逐渐增加颜色场内的汉字，采用分场教学的方式对已学汉字进行系统化整理，便于学习者对本场内的汉字进行内化；在学习者的水平提高到一定程度以后，可以教授其颜色场汉字的文化含义，使场内知识更加系统化、立体化。

2）精讲多练

针对颜色的汉字分场教学法需要及时维护知识的系统性，应该重视演练。课堂上可以采用串联法，将颜色场中的汉字串起来，通过调动学习者的想象力来巩固所学知识。比如，通过复述一年四季的色彩变化将颜色场所有的汉字串联起来；也可以描述身边事物的颜色，反复操练。

3）注重文化意义讲解

在学习颜色场汉字的文化意义时，可以采用联系生活的方法。比如：为什么装钱的是红包而不是白包？为什么没有人戴绿帽子？为什么葬礼上的主色调是黑白？这样的联想教学既有利于激发学习者的学习兴趣，也有助于学习者对于文化含义的了解与掌握。

4）注重对比

不同国家颜色词的含义既有相同的地方也有不同之处。教师可以先给学生讲解中国颜色词的文化含义，然后鼓励学生跟自己国家的颜色词语作比对，加深印象。

5）及时补充生活中的新词语

如“绿色食品”“绿卡”“红丝带”“白色污染”“绿色通道”等，使学生更轻松地融入中国社会和生活。

8.3 “味道场”概况

分场结果显示“味道场”中共有 8 个汉字，其中初级 6 个，分别是“臭、香、苦、甜、辛、淡”，中级只有一个“辣”，高级也只有一个汉字，是“甘”。

根据我们分场得出的数据，从语料库统计的频率来看，“苦”是这些味觉词中出现频率最高的，频率值为 1 190，其次是香、辛、辣、甜、淡、甘。味觉词的汉字偏误率整体较低，“淡”字的汉字偏误率在上述味觉词中是最高的，值为 0.159 6，其他味觉词的汉字偏误率仅在 0.061 左右，较其他场中词的偏误率来说偏低。因此，结合频率和 HSK 真题，我们发现在不同等级的 HSK 试题中，味觉词所表达的意义是文化意义还是本来意义是有所不同的。所以，在教学中，只讲解味觉词的基本意义是不充分的，不能满足留学生日常会话和 HSK 等级考试的需求，因此在完成基本意义的讲解外，还应注重味觉词体现的文化意义的教学，这样才能使留学生习得地道的汉语。

8.3.1 “味道场”汉字在 HSK 词汇等级大纲中的分布

HSK 词汇等级大纲一级和二级中没有出现味道场中的汉字。

三级：香蕉。

四级：辛苦。

五级：刻苦、痛苦、清淡、辣椒。

六级：吃苦、艰苦、苦尽甘来、辛勤、淡季、淡水、冷淡、甘心。

“辛苦、刻苦、痛苦、辛勤、甘心”等词语中虽然包含味道场中的汉字，但是意思已经发生了变化，发生了意义的延伸或者转移。可以看得出：“苦”在意义方面产生的变化是比较大的，主要是出现了“困难、难受”等意思。另外，在味道场中还有几个汉字是比较特殊的，就是“辛”“辣”“甘”和“甜”。四个字中两两对应，可以组成现在我们经常使用的词语：辛辣、甘甜。

8.3.2 “味道场”相关研究

语义一直是词汇教学和研究的基础。不仅是词汇的基本意义，还有其引申义，在教学中也是不可忽略的。关于味觉词意义的研究尤其是其深层意义的探讨，许多学者都进行了深入的研究，并结合文化层面的知识进行了科学的分析。

其中刘一双（2009）以“苦”为例，对比中韩味觉词意义上的异同，尤其注重引申义的研究。她认为味觉词中引申出来的意思上更加明显地反映了民族特色。从味觉词的引申用法方面看，中韩两语有很多相同点，也有所不同。比如，在中韩两种语言中“苦”都具有痛苦，难受，痛苦的意思。而“苦”除有表示困难等的引申用法之外，在汉语里还有耐心地，尽力地的引申义，但是在韩国语里却没有这种引申义。

彭志瑛（2014）认为味觉词一词多义现象是概念隐喻、概念转喻两种认知方式抑或两种认知方式共同作用的产物。以味觉词“苦”为例：总的来说就是味觉与视觉（老王绷着一张苦脸，好像苦大仇深似的）、触觉、嗅觉（这个药闻起来就很苦）、听觉（垂听逆耳，甘纳苦言者，济世之君也）、情感（她试图摆脱痛苦的回忆）还有行为（再苦不能苦孩子，再穷不能穷教育）之间的“转喻”。

莫丽红和白解红（2015）两位学者先后在《湖南社会科学》和《南华大学学报：社会科学版》上发表文章《汉语味觉词多义性的认知识解研究》和《英汉基本味觉词的认知语义研究——以“甜”/“sweet”和“苦”/“bitter”为例》。在《汉语味觉词多义性的认知识解研究》中，两位学者以“酸”和“甜”为例，对味觉词的多义性进行了探讨。汉语味觉词是典型的多义词，大部分味觉词都具有多个义项。例如汉语味觉词“甜”不仅可以表示“像糖和蜜一样的味道”，还可以表示“声音悦耳，动听”；（生活）幸福、美满；还可以形容某一事物或者某人长得可爱、迷人等等。

姜晓（2010）在《汉语味觉词研究综述》中总结前人的研究：“大多数学者在研究味觉词时都采取了传统的训诂学方法，对其进行了溯源分析，探索其由具体到抽象的发展轨迹，阐释其引申义产生的理据。”比如，常欣（1995）和刘皓（2007）分别从引申和字形角度解释了“辣”从“辛”得义的原因，即古人将刑刀施加于身体的痛苦刺激感觉诉诸味觉。阿波（1993）分析出“咸”的盐味意义可能来自其甲骨文字形（斧头或斧柄）所附带的血味。姜运开、王玉堂（1981）、路沥云（2005）和雷春辉（2001）运用词源学理论论证了“甘”本义为“味美”“甜美”。于双仁（1989）和王燕、韩琴（2006）也据此分析了“鲜”和“涩”的语义演变。王明（2009）则从“托物呈味”的词义演变、义系和词族三个角度，总结了汉语味觉词的性质特点。

杨岩勇（2001）的《谈“味”觉词的转义与转域》，他在上文中提到了“语义场”，并把“味”的语义场概括为如图 8-1 所示。

图 8-1 “味”的语义场

这与我们主张的分场教学有异曲同工之处。可以看出，虽然味道场中的汉字数量不多，但是可研究的点非常多。从不同角度进行研究分析，对味道场汉字教学有很大帮助。

8.3.3 “味道场”在 HSK 中的考查点

在 HSK 四级真题中，考查味觉词的题目不在少数。在初中级的 HSK 试题中，考查味觉词的题目主要是出现在听力题、阅读题中，而且较多的考查味觉词的基本意义，在中高级的 HSK 题中会出现其引申义。

1）听力题：

女：我们今天去东门饭馆儿吃饭吧，听说那里的菜很好吃。

男：我去吃过几次，每次菜不是太咸了，就是太辣了。

问：男的觉得东门饭馆的菜怎么样？（A）

A. 菜不好吃　　B. 很好吃　　C. 每次都咸　　D. 每次都辣

在上述这一题目中，就考查了留学生对味觉词所表达基本意思的掌握。此题的答案是“菜不好吃”，答案就是通过“咸”和“辣”两个字眼来确定的。

昨天我和大卫去爬长城了，还没爬到一半，就觉得腿非常酸。

问：我觉得爬长城怎么样？

答案是：爬长城很累。

这里的“酸”就不再是它表示味道的意思了，而是表示身体的劳累。

2）阅读题：

（1）看图，用词造句。

根据上图，用“味道”造句。

例句：汉堡包味道很好

（2）选词填空。

A. 全部　　B. 咸　　C. 空气　　D. 压力　　E. 符合　　F. 正好

男：我在西红柿里放了糖，你尝尝，味道肯定不错。

女：怎么是（B）的，是不是把盐当成糖了？

这道题的答案很明显是选择 B。而且通过这几道题，我们可以看出，味觉词与其他场的词语息息相关。比如食品、药品场等。

（3）完成句子。

酸 一点儿 好像 这碗汤 有

答案是：这碗汤好像有点儿酸。

在这里也还是味觉词的基本意义，并没有涉及其引申义。而在较高级水平的 HSK 考试中就会出现关于味觉词引申义用法的题目了。

8.3.4 教学思路

“分场汉字教学法”以语义为纲来进行分场，我们根据留学生学习水平的不同，把一个场中的词分批次教学。由于味道场中的词较少，可以只根据味觉词的语义，分为“香、甜”一类积极意义的味觉词和“臭、苦”一类消极意义的味觉词进行教学，也可以称之为“场中场教学”。

在教学过程中应注意以下几点：

1）适当补充引申义

也就是说，在学完“甜”的本意以后，根据留学生水平的不同，可以进行不同程度的引申义教学，因为很多民族的味觉感知是相通的，甚至用法相同，这样的同步教学不但不会增加学生的负担，反而会加深印象。

2）结合与味觉词紧密相关的其他场的词语一起教学

比如和食品场相联系：“酸”和“柠檬”相联系，“甜”和“糖”相联系；再比如说和全身场中的分场——肢体场相联系：“酸”除了表示醋的味道，还可以表示劳累，如：“走了一天了，腿好酸啊。”这样就和肢体场的部分词语紧密联系起来。并且在实际教学中可以得心应手地运用。这样可以使学生更好地进行联想记忆。当然，柠檬和糖这些辅助性的词语不一定当堂记忆，可以让留学生先有一定的了解，这样一来，对后面进行该场的教学也有帮助作用。

3）结合 HSK 补充常见搭配

生活中和 HSK 考试中有很多表达与味道场有关，如“臭球”“睡得很香”“睡得很甜”“心酸”“吃香”“辣妹子”“苦日子”等词语不但交际中常用，在 HSK 中也常常考查，应及时归纳总结。

8.4 “性质场”概况

分场结果显示性质场中一共有 44 个汉字，都是名词。其中包括初级汉字

34 个，分别是“磁、性、利、科、系（xì）、班、第、队、行（háng）、序、阵、本、标、模（mó）、则、极、限、劲（jìn）、力、热、单（shàn）、盖（gě）、过（guō）、哈（hǎ）、号（hào）、纪（jǐ）、名、那（nā）、区（ōu）、冼（xiǎn）、姓、员（yún）、员（yùn）、种”；中级有 7 个，即“般、列、仇（qiú）、繁（pó）、欧、朴（piáo）、辈”；高级有“伦、肖（xiāo）、邪（yé）”3 个汉字。从语料库统计的频率来看，性质场中大部分汉字使用频率不高，表示姓氏的汉字较多且在汉语的日常交际中不常用；而表示系统种类、表面实质的汉字出现频率较高，应重点掌握。

8.4.1 “性质场”汉字在 HSK 词汇等级大纲中的分布

一级：没关系、名字。

二级：上班、第一、服务员。

三级：关系、银行、努力、热情、有名、一般。

四级：性别、联系、性格、流利、热闹、顺利、积极、极其、科学、航班、加班、顺序、本来、标准、否则、限制、力气、能力、巧克力、压力、号码、报名、著名、排列。

五级：磁带、个性、性质、老百姓、利润、利息、利益、利用、胜利、有利、程序、班主任、内科、本科、系统、排队、行业、秩序、标点、标志、目标、鼠标、规模、模仿、模糊、规则、原则、太极拳、使劲儿、尽力、精力、力量、魄力、热爱、热烈、热心、信号、挂号、名牌、名胜古迹、名片、一辈子。

六级：弹性、记性、慢性、便利、次序、锋利、福利、急功近利、利害、利率、科目、队伍、军队、版本、本能、本钱、本人、本身、本事、标本、成本、标记、标题、模范、模式、模型、北极、极端、极限、界限、局限、期限、劲头、干劲、暴力、吃力、得力、动力、活力、竭尽全力、力所能及、力图、力争、齐心协力、潜力、全力以赴、亲热、热泪盈眶、热门、称号、符号、号召、举世闻名、名次、名额、名副其实、名誉、命名、莫名其妙、并列、陈列、列举、欧洲、长辈。

上述词语中，有的词语中虽然包含了“性质场”中的汉字，但是意思已经发生了改变，与“性质场”中的意思相差甚远，甚至已经完全脱离本来意思。这样的词语有：银行；流利、顺利、加班、否则、巧克力；利用、行业、鼠标、模仿、太极拳、名胜古迹；锋利、版本、号召、莫名其妙、欧洲等。在“性质场”中我们发现了比较特别的一类字，就是有关姓氏的。对于这种汉字，在对外汉语教学的过程中，不必大费周章，只让留学生有所了解即可。

8.4.2 “性质场”相关研究

对“性质场”中汉字和相关词汇的研究，学术界主要集中在本体研究和对外汉语教学两个方面。其中，很多学者对“性质场”中相关汉字及词汇的研究重心主要在“姓”上。

暴希明（2012）在《从甲骨文、金文“姓”的异构看古代婚姻形态的演进》一文中对甲骨文和金文中“姓”的异体字作了相关的研究，他着重根据“姓”字的形体探究了中国古代婚姻形态从族外群婚到一夫一妻制个体婚演进的历程。

王瑞华（2011）在《姓名研究及其在对外汉语教学中的运用》一文中对中国人姓名的特点、中国人姓名文化符号词性以及中国人姓名的文化内涵做了详细阐述。同时，他还就中国人姓名文化在对外汉语教学中的应用作了探究并提出了相应的教学策略。

申晓珊（2014）在《对外汉语“女”旁形声字表意性研究及教学策略》一文中对《HSK 汉字大纲》2 605 个汉字中的女旁形声字进行了穷尽式的统计，她以女旁形声字研究为立足点，从本体上分析女旁形声字及亦声字的数量、形义演变及同源字、表意情况、常用《大纲》词汇等。其中，她着重对“姓”字进行了探究。同时她也提出了相应的教学策略。

8.4.3 “性质场”在 HSK 中的考查点

性质场中的汉字在 HSK 中考查的不多，主要出现的就是表示次序的“第”，表示排列的“行”和“列”。

1）听力题：

三级：

（1）男：请问，四〇二房间在哪儿？

女：请这边走，前面左边第二个就是。

判断：四〇二房间在前边倒数第二个。（×）

六级：

（2）爱上网的人可能面临这样的难题，如何记住一堆账号和密码。不少人为了方便，干脆设定“ABCDE”这样的简单密码。近日，一家网站列出了一份“懒人密码”排行榜，“ABCDE”居首位。其实，每个人都应该意识到，使用这些差劲儿的密码很可能遭受网络攻击，黑客只需花一点儿精力，就能在一秒钟内攻破你的账号。

问：爱上网的人会有关于“懒人密码”的什么？

答案：“懒人密码”的排行榜。

三级：

（3）女：请小明把第二列第二行这个空填一下。

男：好的，老师。

问：老师让小明把哪个空填一下？

五级：

（4）她是一个电梯工，工作很勤奋，获得住户的一致好评。但因为长得特别像某位女演员，因此招来不少议论。大家乘坐电梯时，总是有意无意地说起她像那个女演员，说得多了，她便默不作声。一天，下班人多的时候，挤在电梯里的人们又开始谈论起这件事，有人说：“真的，你长得太像某某演员了，何不去试试演电影呢？”言外之意，开电梯委屈她了。她终于忍不住开口了：“您说的那位演员我知道，她算不上什么明星，而我却是一名优秀的电梯工，而她跟我又有什么关系呢？”电梯里的人们一下子不说话了。从此，乘坐电梯时再也没有人议论此事了。（HSK 五级真题）

判断：电梯工觉得她和那个演员之间有很大关系。（×）

“有什么关系呢？”表示的就是没有什么关系，考查的是“关系”这个词。

（5）今天早上去路边摊吃饭的时候，看见那边排了很长的队伍，我怕时间来不及，就没有去吃，赶紧去上班了。

判断：在路边摊吃饭的人很少。（×）

这道题中考查的是“队伍”这个词语，“很长的队伍”就是说人很多，留学生如果理解了这个词语的意思，就不会出错。

8.4.4 教学思路

1）注重组合

性质场中的大部分汉字一般不单独出现，多与其他汉字组合，以词（多为形容词）的形式出现，如：艰难、勉强、尊贵、温婉。所以教学过程中要适时补充常用词语。

2）细化分类，阶段总结

性质场中既有褒义词，也有贬义词和中性词，在进行一定阶段的学习后可以根据感情色彩对性质场汉字进行分类，减少偏误。

3）因字制宜，情景教学

对于性质场汉字的讲解可以通过情景引出意义并及时进行相应的练习。如“科、系（xì）、班、第、队、行（háng）、序”等词语的讲解可以结合挂图或者实际场景来展示区别。

第九章 “身体动作场”对外汉字教学研究

“身体动作场”共有 307 个汉字，初级的有 162 个，中级的有 82 个，高级的有 63 个。场内汉字的主要词性是动词。从汉字的偏误率来看，“扑”“奉”“搀”“摘”“栽”“摔”“裹”“披”“遛”“溯”“骤”“蹿”“踢”等汉字偏误率较高，在 0.2 以上；“打”“堆”等汉字偏误率较低，在 0.05 以下。根据《对外汉字教学分场字库》可以将“动作场”分为上肢动作、下肢动作、头部动作和全身动作四个教学场，本章选取“头部动作”和“全身动作”两个场进行重点研究。

9.1 “头部动作场”概况

分场结果显示，“头部动作场”中一共有汉字 46 个，汉字等级分为初、中、高三级，分别包括“观、见、看、览、瞧、视、望、听、闻、餐、吃、喝、食、含、咬、吹、哈、咳、吐、吸、哼、喊、喝、呼、叫、嚷”；“瞪、眯（mí）、盯、睹、塞（sè）、饮、唤、咂、吁、噪”；“眨、瞥、眺、瞻、嚼（jué）、嚼（jiáo）、啃、啸、鸣”等。从语料库统计的频率来看，初级汉字的出现频率最高，其中初级汉字“看”的出现频率高达 10 768，其中还有“见、望、吃、听、喝、叫”的出现频率也在 1 000 以上；其次出现频率较高的汉字是中级的，大部分在 50 以上，比如“瞪、眯、塞、饮”，出现频率最低的就是高级汉字中的“瞥、瞻”，其出现频率均为 1 次。另外，从统计的汉字偏误率来看，中级汉字“咂”的偏误率最高，值为 0.473 7，其次是初级汉字“瞧”，偏误率为 0.304 3。偏误率较高的还有汉字“瞪、餐、喊、鸣”等。头部动作中我们可以再细分为五官动作：眼、鼻、口、耳、嘴部的动作，这样一来，汉字的部首偏旁也就成为分类的一个重要依据。

9.1.1 “头部动作场”汉字在 HSK 词汇等级大纲中的分布

“头部动作场”汉字在 HSK 词汇等级大纲中的相关词语：

一级：看见、再见。

二级：好吃。

三级：见面。

四级：参观、观众、看法、食品、咳嗽、饮料。

五级：观察、不见得、可见、碰见、看不起、看来、难看、浏览、游览、展览、轻视、忽视、打听、餐厅、小吃、粮食、零食、食物、包含、吸收、吸引、呼吸。

六级：观光、宏观、可观、美观、罕见、见多识广、见解、见闻、见义勇为、偏见、看待、看望、博览会、敌视、监视、近视、蔑视、凝视、歧视、东张西望、看望、倾听、见闻、举世闻名、吹牛、吹捧、呕吐、呼啸、呼吁、目睹、闭塞、堵塞、咀嚼、啃。

以上列举的词语中，有的词语是包含该汉字，但是整个词语的意思已经脱离了该汉字的意思，这样的词语有：

一级：电视。

二级：希望。

三级：新闻。

四级：意见、重视、失望、吃惊。

五级：悲观、观点、观念、客观、乐观、主观、愿望、盼望、吃亏、称呼、打招呼。

六级：各抒己见、绝望、渴望、期望、吃苦、吃力、含糊、含义、共鸣。

9.1.2 “头部动作场”相关研究

戴耀晶在《现代汉语动作类二价动词探索》(《中国语文》1998 年第 1 期 3—12，共 10 页）中主要是从配价的角度对现代汉语动作类二价动词进行了初步探索。文章分为四部分：第一部分说明探索的思路是动词中心说的理论，具体的研究过程是将内省测试法与框架测试法结合分出动词的类；第二部分用两个凸现“动作性”语义特征的句型框架得出动作类二价动词，同时用其他几个补充句型区分开动作类一价动词和三价动词。并且，该学者总结前人的分类为四种方法：意义法、分布法、特征法、配价法。

马建忠《马氏文通》(1898) 的动词分类是以意义标准为主进行的，为动词的分类研究提供了一个基础。

张积家和陈新葵（ 2005 ）两位学者在《汉字义符在汉语动作动词意义认知中的作用》一文中，从心理学的角度，通过 4 个实验，探讨汉字义符在汉语动作动词意义认知中的作用。其中有一个实验探讨了汉字义符对认知动作动词的动作器官意义的影响。结果表明，当义符与动作器官一致时，会促进对动作动词的动作器官意义的认知；当义符与动作器官不一致时，会抑制对动作动词的动作器官意义的认知。这一发现对动作动词的教学有很大影响，在一定程度上告诫我们，要重视那些汉字义符与动作器官不一致的汉字的教学。

张彧彧（2013）在《空间隐喻与汉语视觉动词“看”的时间走向》中，结合隐喻认知理论和语法化理论，并结合跨语言研究成果，对汉语视觉动词“看”向时间副词演变这一语法化路径进行了描写。

9.1.3 “头部动作场”在 HSK 中的考查点

1）四级听力题：

（1）女：真对不起，把您吵醒了。

男：别客气，我正好也要起来活动活动了。

问：男的刚才最可能在做什么？（A）

A. 睡觉　　B. 玩游戏　　C. 听音乐　　D. 读书

（2）女：先生您好，您的座位在这儿。

男：谢谢。请把菜单给我。

女：给您，这个是今天的特价菜。

男：我不吃羊肉，我先看看其他的菜吧。

问：关于男的，可以知道什么？（C）

A. 喜欢吃羊肉　　B. 想吃特价菜

C. 不喜欢吃羊肉　　D. 已经吃完饭了

（3）女：吃完了吗？你今天吃得不多。

男：本来我也不饿。出门前我吃了块儿巧克力蛋糕。

女：好吧，剩下的我们带走？

男：当然，不能浪费。

问：他们最可能在哪儿？

答案：最可能在饭馆儿。

（4）很多人认为不渴就不用补水。专家告诉我们，并不是口渴时才需要喝水，当觉得口渴时，表示身体已经是缺水的状态了，所以正确的喝水方式，就是平常要多补充水分，等口渴才喝，就来不及了。（C）

A. 不渴时不要喝水　　B. 运动前不要多喝水

C. 平时多喝水很重要　　D. 每天应该喝8杯水

（5）女：你的咳嗽怎么一直没好？去医院看看吧。

男：不去，不是很严重，吃点药就行了。

女：关键是你吃了药也没好呀。

男：不去。我跟你说，其实我是怕打针。

问：男的为什么不去医院？（B）

A. 去医院太贵　　B. 害怕打针

C. 咳嗽已经好了　　D. 他喜欢吃药

（6）在乘坐地铁和公共汽车等交通工具时，经常可以听到这样的广播："下一站就要到了，请下车的乘客提前做好准备。"按照广播的提醒到车门旁边等着下车，既方便了自己，也方便了他人。

① 广播提醒乘客什么？

答案：准备下车

② 在哪儿能听到这样的广播？

答案：地铁上或公共汽车等交通工具上。

（7）一群性格各不相同的年轻人，几个酸甜苦辣的爱情故事，一段经历了半个世纪的美好回忆。由孙俪等著名演员主演，电视剧《血色浪漫》，星期日晚上8点，欢迎您继续收看。

这段话最可能是：（A）

A. 广告　　B. 京剧　　C. 小说　　D. 日记

（8）我挺喜欢现在住的地方，很安静。不像以前住的地方，虽然交通方便，但是周围很吵。

判断：他现在住的地方很安静。（√）

2）阅读题：（连词成句）

（1）打针　好　比吃药　效果

答案：打针比吃药效果好。

一头牛　看起来　那座山　像

答案：那座山看起来像一头牛。

六级：

（2）男：姐，您这儿有中国地图吗？

女：没有，你要地图做什么？

男：我想看看黄河都经过了哪些省市，你知道吗？

女：真笨！上网一查不就知道了吗？

男：那不一样。

问：男的想了解黄河的什么？（A）

A. 流经哪些地方　　B. 黄河多长

C. 黄河在中国的哪里　　D. 黄河在网上的介绍

9.1.4 教学思路

头部动作场的教学要注意以下几点：

1）部首偏旁助记忆

整个头部动作场中，嘴部动作和眼部动作是比较好记的两类，它们的偏旁都是口字旁或目字旁，但是要注意的是，"听"这个汉字是耳部动作，但是是口字旁，要提醒学生注意区分。这与张积家和陈新葵两位学者的观点——汉字义符对认知动作动词的动作器官意义的影响有一定的联系。

2）组合记忆

单个汉字不容易理解记忆，而且在头部动作场中的汉字大部分都是动词，如果该动词是及物动词，那么在动词的后面我们可以加上宾语，例如：吃——吃饭，喝——喝水/喝酒/喝饮料/喝茶等，吹——吹牛/吹泡泡/吹风，吐——吐口水/吐痰，听——听音乐……这样一来，留学生既可以比较快速地掌握头部动作场中的动词，还学习了动词、名词之间的搭配使用，更有利于语感形成，促进口语说话能力有很大帮助。

3）动作示意与图片示意相结合

头部动作是比较好示意的，比如眯、眨、喊、吹、瞪、喝、嚼等字词，一经动作示意就能清楚明白。

4）补充引申义

某些头部动作表示更深层次的含义，教师不补充学生就不会了解。如"吹"本义是口部动作，但是引申为说大话，甚至分手的意思。还有一些成语也要根据学生水平适时补充。如"不闻不问""走马观花"等等。

9.2 "全身动作场"概况

分场结果显示"全身动作场"中一共有21个汉字，初级有8个，分别是

“飞、靠、斜、躺、闯、爬、钻（zuān）、跪”；中级有 8 个，即“凭、倾、趴、卧、溜（liū）、颤（zhàn）、折（zhē）、攀”；高级有“翔、伏、仆（pū）、潜、稽（qǐ）” 5 个汉字。从语料库统计的频率来看，全身动作场中“飞、爬、靠”等汉字出现频率较高，从场内全部汉字的使用情况来看，全身动作汉字出现频率并不是很高，“飞”字出现频率最高，也仅达 697 次。场内的汉字在各个等级都有分布，通过有效的教学可以使学习者完全掌握和正确使用这些汉字。根据语料库提取的句子来看，全身动作场内大部分汉字既可以单独成词表示动作，也可以与其他语素组合构成新的词语。

9.2.1　“全身动作场”汉字在 HSK 词汇等级大纲中的分布

一级：飞机。

三级：爬山。

四级：起飞、躺。

五级：可靠、斜、闯、凭、卧室。

六级：飞禽走兽、飞翔、飞跃、靠拢、倾斜、跪、倾听、倾向、趴、溜、攀登、埋伏、起伏、潜力、潜水、潜移默化。

这些词汇都与其本义有着或多或少的联系。

9.2.2　“全身动作场”相关研究

目前有关对外汉语“全身动作场”汉字教学研究较少，多表现在对动作词意义与其汉字结构之间的关系研究上。近几年对于汉语动作词的研究多集中在对身体动作词的定义分类以及特点的研究上。

张积家、陈新葵（2005）在《汉字义符在汉语动作动词意义认知中的作用》一文中通过 4 个实验，探讨了汉字义符在汉语动作动词意义认知中的作用。整个研究都表明，汉语动词的结构特点影响对动作动词的动作器官或动作工具意义的认知。

李胜梅（2009）在《论动作词语的释义问题》一文中通过考察《现代汉语词典》和《汉语大词典》中的动作类词语的收录情况和释义处理，发现存在一些问题。建议那些结构凝固性强的、有固定义项的动作表义词语，词典应该系统收录。对动作表义词语的释义，应该有统一的体例，释义项目尽量齐全一致，避免随意性；释义应完备周密，尽可能准确地反映语言事实；释义用词应严谨一致；近义的动作词语的释义处理尽量照应周到。

蔡北国（2010）在《中介语动作动词混用的调查与分析》一文中选择中介语语料库中动作动词为研究对象，并结合现代汉语语料库进行统计分析，得出以下结论是：第一，词语混用是留学生词汇习得过程中普遍存在的问题，而且随着学习者水平的提高，混用的情况并没有减少；第二，留学生的词语混用涉及的词语并不是简单的一一对应的关系，往往要超出同义词的范围；第三，留学生混用词语可以分为两种类型："替代错误"和"被替代错误"。并建议教学中应该将词语混用的研究范围扩大到传统的同义词或近义词以外，建立更宽泛的同义词辨析视野，使易混词语的教学更有针对性。

李倩（2013）在《现代汉语政体动作类基本属次范畴词汇研究》一文中根据肢体动作类词语的定义和人类认知的方式，通过分析这类词的特点，确定了提取肢体动作类基层词的基本标准，最终提取出现代汉语肢体动作类基层词 77 个，并针对肢体动作类基层词的特点和隐喻进行了深入的分析。

王丹凤（2015）在《现代汉语身体动作动词的连动结构研究》一文中对身体动作动词进行选词和分类，对身体动作动词连动结构进行语料调查，统计出了每个动词进入连动结构的次数、频率和位置分布数据。在分析整合基础上，围绕连动频率高的身体动作动词来研究身体动作动词连动结构的规律，主要包括身体动作动词进入连动结构的规律、连用动词语义类型和典型的身体动作动词连动类别，并分析了身体动作动词连动结构的体特征规律。

9.2.3 "全身动作场"在 HSK 中的考查点

全身动作场汉字数量虽然不多，但其中很多汉字在 HSK 中出现的频率还是比较高的，随着 HSK 等级的上升，其出现频率也随之升高，高级汉字也相应地出现。

1）听力题：

听力对于全身动作场汉字的考查比较灵活，形式也多种多样，主要体现在发音方面和意义方面，学习者需要完全掌握动作类字的读音和意义才能够选出答案。比如：（录音放"飞机"发音）

（1）HSK1  （√）

在 HSK 考试中的听力材料选择正确答案题型中，经常会出现含有全身动作词的对话或句子。

（2）女：我记得那个医院就在附近，怎么找不到了呢？

男：别着急，我们再看一下地图吧。

问：女的怎么了？（B）

A. 生病了　　B. 找医院　　C. 找地图

（3）女：我的天！七层，你一直爬上来？为什么不坐电梯呢？

男：因为电梯坏了，只能爬楼梯了。

问：男的为什么不坐电梯？（B）

A. 男的喜欢运动　　B. 电梯坏了　　C. 七层没有电梯

（4）我现在在去机场的路上，但我忘记带护照了。应该在家里的桌子上，你找一下给我送过来吧，我在机场等你。

判断：他把护照放在办公室了。(×)

（5）到机场后，他才发现忘记带信用卡了，他乘坐的航班大约半小时后就要起飞了，他只好改签下一趟航班。

判断：他没带护照。(×)

2）阅读题：

阅读题中虽然很少对全身动作场汉字进行单独考查，但是文章或材料中会出现大量的全身动作类汉字，这也需要学习者具有良好的动作词的知识基础。且阅读部分中含有全身动作场汉字的词出现频率较高。只有在掌握场内汉字的基础上才能顺利地读懂材料和题意，利于学生进一步的作答。

（1）选词填空。

春秋时期，齐国和楚国是著名的强国。有一回，齐国的国王派自己的大臣晏子访问楚国。楚王想趁这个机会，找一个办法让齐国的使者丢脸，借此来__①__楚国的强大。

楚王了解到晏子身材矮小，就命令手下的人在城门旁边开了一个很低的洞。晏子来到楚国的时候，楚王命令守门的士兵关闭了城门，让晏子从旁边的洞口爬进去。晏子看到这样的__②__，明白了楚王的目的，他思考了一小会儿，便对__③__的人说：“这是一个狗洞，不是城门。我要是访问狗国，当然可以爬狗洞。请你们替我问一下楚王，我来访问的国家到底是楚国还是狗国？”楚王听了士兵的报告，__④__，迎接晏子进城。(选自 2010 年新 5 级真题 4)(选自新 HSK5 级 H51004)

①A. 具备　　B. 显示　　C. 发表　　D. 领导
②A. 情景　　B. 景色　　C. 背景　　D. 奇迹
③A. 说服　　B. 批准　　C. 咨询　　D. 接待
④A. 变得非常愤怒　　B. 思考了很长时间
C. 只好命令打开城门　　D. 发现晏子是个很有智慧的人

（2）阅读理解。

① 日出而作，日落而息。人们一般习惯在晚上睡觉，在黑暗中睡觉，关灯并用窗帘挡住室外照进来的光线。亮着灯睡觉会使人推迟入睡时间，而且较难进入深睡阶段。光照会提高脑的兴奋度，因而去除光照刺激，减少卧室光线，对预防失眠有很大帮助。（选自 2010 年 6 月新 HSK5 级真题 4 试题编号：H51004）

A. 开灯睡觉影响睡眠　　B. 光照使人神经放松
C. 缺乏睡眠危害健康　　D. 白天睡眠质量更高

② 第二天早上，他发现羊又少了一只。很____狼又从那个洞进了羊圈吃了一只羊。（选自新 HSK5 级 H51331）

A. 可靠　　B. 满足　　C. 明显　　D. 可怕

③ 请记住，我们所说的每一句话，都会在自己身上产生影响。虽然这些影响可能是暂时无法看到的，但是经过长期积累，就会潜移默化地影响我们的思维模式和行为方式。每天多输入正面积极的语言，一两天可能看不见效果，但是十年八年坚持下来，你就会发现自己成为了一个更快乐、更向上的人。（选自新 HSK5 级 H51331）

其中“潜移默化”的意思最可能是：

A. 立即　　B. 模糊
C. 怪不得　　D. 不知不觉

3）书写题：

（1）连词成句。

① 好　爬山　我们　吗　去　周六　一起　这

答案：这周六我们一起去爬山好吗？

② 倾听　受欢迎　往往　善于　的　很　人

答案：善于倾听的人往往很受欢迎。

全身动作场汉字在写作题和缩写题中也有出现，多是考查学习者的汉语词汇积累情况，这里就不再进行详细的列举。

9.2.4　教学思路

1）由易到难，循序渐进

首先应将全身动作场内的汉字按照难度进行分级，按照由易到难的顺序教授给学生。像“飞、躺、爬”等这类比较简单且常用的汉字应该优先教授，从音形义三个方面对场内汉字进行全面深入的讲解。随着学习者汉语水平的提高，循序渐进，不断扩充，可以按照由易到难的顺序将“闯、攀、凭、潜”等汉字逐渐纳入全身动作场中，最终使学生掌握场内的所有汉字。

2）强调义符，形音义结合

全身动作场中大部分汉字是有义符的，在教学中可以结合其义符对其意义进行讲解。如“躺、跪、爬、钻、溜”等汉字，在释义时都可以结合义符来理解。而像“飞”和“闯”这样的汉字可以根据其字形来解释字义。“飞”的撇和点两画很像展开的双翼；“闯”可以理解为骑着马冲进门内。

3）动作演示，具体教学

全身动作场中的汉字的本义都是表示动作，因此在教学中可以使用表演法进行动作演示，或者使用演示法用图片或者 flash 动画等形式辅助教学，使词义更加生动形象，便于学生理解。

4）注重引申，发散思维

全身动作场中的很多汉字不仅有表示全身动作的本义，也有相应的引申义。在教学中要兼顾其引申义。在学习者掌握本义的基础上，在合适的阶段借助本义引申出其他意义。如“潜”字的本义是“没入水中，而且在水下活动”，还可以引申出“隐藏的”“秘密地”等含义，在此基础上，学生对“潜能”“潜藏”等词义的理解就会容易得多。

第十章　“社会活动场”对外汉字教学研究

“社会活动场”共包含488个汉字，初级的有272个，中级的有133个，高级的有83个。场内汉字词性均为动词，场内汉字较多，偏误率也不平衡，其中，“斗”“拒”“攻”“警”“降（xiáng）”“艾（yì）”“撤”“倡”“签”“访”“检”“董”“惩”“募”“泄”“溉”等汉字偏误率较高。按照汉字教学分场字库可以将“活动”场分为“政治活动、军事活动、行政管理、生产、经济活动、交通运输、教卫科研、文体活动、社交、生活、宗教活动、迷信活动、公安　司法、恶行”14个教学场，本章重点对交通运输、经济活动、教卫科研、社交、生活5个场进行研究。

10.1　“交通运输场”概况

分场结果显示，“交通运输场”中共有汉字23个。初级汉字16个，分别是“驾、乘、啦、航、导、旅、引、输、过、通、由、还、回、达、到、至”；中级汉字有5个，分别是“征、载、渡、返、归”；高级汉字仅有2个，它们是“驱”和“驭”。从分场结果显示的汉字偏误率来看，中级汉字“返”和初级汉字“航”的偏误率较其他汉字的偏误率偏高，达到了0.2以上，而初级汉字“到”的偏误率最低，值为0.0139。但是，它的出现频率又是最高的，为15 898。其次是中级汉字“过”，出现频率为9 244，整体上来看，初中级汉字的出现频率远高于高级汉字的出现频率。

10.1.1　“交通运输场”相关研究

单独研究交通运输场中汉字的文章并不多见，尤其是在对外汉语方面的。

李红军（2004）在《“各种交通运输方式”一课的教学设计》一文中提出：在教授有关交通运输方式的词汇时，可以创设情境，引入新课。虽然这是针对中国学生的方法，但是对留学生年代并不是没有借鉴之处。另外，可以提问：你接触过哪些运输方式？并且联系生活，学习身边的地理；充分利用学生的经验。因为留学生大部分是成年人，都有乘车、坐飞机、坐地铁等的经历，这是一个比较有利的方面。

10.1.2 “交通运输场”汉字在 HSK 词汇等级大纲中的分布

HSK 词汇等级大纲一级中并没有涉及交通运输场中的汉字。

二级：旅游、回答。

三级：过去、经过、难过、普通话、迟到、遇到。

四级：乘坐、航班、导游、吸引、引起、不过、超过、过程、通过、交通、通知、由于、回忆、表达、到处、到底、受到、甚至、至少。

五级：驾驶、劳驾、导演、导致、辅导、领导、指导、输入、运输、度过、过分、过敏、过期、沟通、通常、通讯、理由、自由、达到、到达、特征、象征、征求、发达、周到、至今、至于、下载、往返。

六级：乘务员、导航、航空、航天、航行、倡导、导弹、导向、过度、过渡、过奖、过滤、过失、过问、过瘾、过于、精通、卡通、流通、畅通、不由得、偿还、归还、还原、回报、回避、回顾、回收、雷达、传达、达成、抵达、恰到好处、报到、归根到底、截至、归还、归纳、驱逐。

在上述词语中，有些词语中虽然有交通运输场中的汉字，但是意思已经发生了变化。这些词语有：回答、普通话、不过、通知、由于、表达、至少、过分、过敏、过期、通常、理由、自由、特征、象征、征求、发达、周到、过度、过奖、过滤、过失、过于、精通、卡通、雷达、归纳等。

10.1.3 “交通运输场”在 HSK 中的考查点

HSK 中对交通运输场中词语的考查，大多是考查交通方式的变化还有乘坐交通方式的动词等。

1）听力题：

（1）听并选择正确的图片。

他喜欢在草原上驾着马车欣赏这美丽的大草原。

选择图片如下：

（2）男：您好，请问这趟航班什么时候开始登机？

女：飞机起飞前 45 分钟。

问：说话人要怎么出行？

答案：坐飞机。

（3）男：我们明天怎么去公园？是坐公交车还是地铁？

女：我的一个朋友明天没事，他可以开车送我们去。

问：他们怎么去公园？（D）

A. 坐地铁　B. 坐出租车　C. 坐公交车　D. 坐朋友的车

答案：D 坐朋友的车。

（4）女：怎么又堵车了？

男：这条路车多路窄，总是堵车。

女：那能不能从别的路过去呢？

男：也行，咱们换一条路吧！

问：他们打算怎么办？

答案：换一条路，从另一条路过去。

2）阅读题：

（1）找出下列没有标点符号的句子中唯一正确的一个

A. 每到周末她都会开车回家一趟。

B. 她都会开车回家一趟每到周末。

C. 回家一趟她都会开车每到周末。

D. 每到周末都会回家一趟她开车。

答案选 A。

（2）汽车是城市生活中重要的交通工具，可以极大地提高人们的生活质量。现在大部分人都有一辆私家车，所以驾照考试是现在比较热门的一个考试。

问：现在什么考试比较多？

答案：驾照考试。

（3）排序

A. 它安全、环保、方便

B. 更关键的是乘坐地铁永远也不必担心因堵车而迟到

C. 地铁是现代城市生活中不可缺少的交通工具

正确顺序是 CAB。

（4）随着中国的城市发展速度越来越快，楼房越来越高，电梯的数量自然就越来越多，于是怎么保证乘梯安全成为大家关心的一大问题。

问：大家关心的问题是什么？

答案：乘坐电梯的安全问题。

（5）晚上开车一定要注意交通安全，因为晚上不如白天看得清楚，司机也容易困，所以驾车导航一定要开好，而且要把车速放慢一些。

问：晚上开车一般：（A）

A. 要开导航　　B. 速度快

C. 精神更好　　D. 看得清楚

（6）虽然从经济方面看，乘坐地铁确实比乘坐公共汽车贵一些，但是，考虑到它几乎从不堵车，又方便，所以城市里的上班族仍然大多数选择前者。

问：大多数上班族选择乘坐什么交通工具上班？

答案：选择乘坐地铁上班。

（7）家离火车站只有两站路，走着去也就二十几分钟，一会儿姐姐开车送我去，提前半个小时出发完全来得及。

问：说话人要怎么去火车站？（B）

A. 姐姐骑车带她去　B. 姐姐开车带她去　C. 自己坐车去

3）写作题：

看图写句子。

（1）

参考答案：两辆汽车过马路时撞在了一起。

（2）

参考答案：自行车是我上下班的交通工具。

10.1.4 教学思路

衣食住行是人们生活中不可缺少的一部分，交通运输场中主要是集中在“行”这一方面，是日常交际中非常重要的一部分。基于分场教学，我们梳理了以下几条教学思路：

1）阶段总结，注重比较

对于交通运输场中用法相似的汉字应该注重比较，可以通过阶段性的总结来进行。比如，“驾”“驱”“驭”“乘”都可以加交通工具，但它们的意义是不同的，不能混用，在学习过程中，学习者学习了这几个汉字之后，应该进行一次阶段性的总结或复习，将这些汉字集中起来，进行比较，明确它们的意义与适用条件。

2）注重搭配，用例典型

交通运输场中有一些意义相近的字，比如“到”和“达”，“归”“返”和“还”等。在教学中应该注重区分，强调搭配问题，例句一定要典型。“达”较“到”更书面，且经常与其他汉字组合以双音节词的形式出现，可以说“直达”“抵达”等；而“到”可以单用，在口语中出现频率较高。

3）以点带面，发散思维

随着社会的发展，交通运输场中的汉字意义也有所变化和发展，在教学过程中，要遵循循序渐进、由易到难的原则，初步学习时可以只讲解汉字的基本义即交通运输方面的意义；随着学习者汉语水平的提高，要不断地扩充场内汉字的其他意义。比如，“通”字本义是“本有堵塞，可以通过”，后来意义有所发展，引申出了“传达”“懂得”等意义。在习得本义的基础上，进一步学习汉字的其他意义，会大大减轻学习者理解和记忆上的负担。

10.2 “经济活动场”概况

据分场结果显示，“经济活动场”中共有汉字 29 个，都是动词。其中包括初级汉字 15 个，分别是“贸、购、买、卖、租、欠、赔、付、费、化（huā）、累（lěi）、空（kòng）、落（là）、缺、总”；中级汉字 9 个，分别是“售、赁、赚（zhuàn）、兑、贷、缴（jiǎo）、耗、够、综（zōng）”；高级汉字 5 个，它们分别是“贩、榷、赎、乏、匮”。初级汉字比重最大，中级次之，高级汉字比重最小。从汉字的出现频率来看，初级汉字的出现频率整体上高于中高级汉字，其中汉字“买”的频率高达 3 192 次，比较高的还有“总”，频率为 1 895。从汉字偏误率来看，出现频率最高的汉字“买”的偏误率也是最高的，其偏误率为 9.02，中级汉字“综”的偏误率为 0.282 6。

10.2.1 “经济活动场”汉字在 HSK 词汇等级大纲中的分布

一级：出租车。

三级：总是。

四级：购物、浪费、免费、积累、填空、售货员。

五级：贸易、欠、赔偿、应付、付款、费用、消费、空闲、缺乏、缺点、缺少、总裁、总共、总理、总算、总统、总之、总结、销售、贷款、综合、缺乏。

六级：采购、出卖、贩卖、对付、耗费、经费、抽空、空白、丢三落四、缺口、缺席、缺陷、兑换、兑现、缴纳、耗费、贩卖、贫乏。

在上述词语中，有些词语中虽然包括经济活动场中的汉字，但是词语的意思已经与经济活动没有联系或者联系不大。比如“填空、缺点、总之、对付、抽空”等。但是另一方面，有些经济活动场中的汉字，现在已经很少说了，而是换了一种表达。例如：汉字“榷”的意思是“专利”“专卖”，现在已经很少说“榷”了。“榷”现在一般在“商榷”这个词语中出现。

10.2.2 “经济活动场”相关研究

关于对“经济活动场”中汉字和相关词汇的研究，学术界主要集中在本体研究和对外汉语教学两个方面。

在本体研究中，对“经济活动场”中的汉字及相关词汇的研究成果并不多见，尤其是专书研究。具体研究成果分列如下：

周员宇（2015）在《〈型世言〉经济类词汇研究》一文中以《型世言》为语料进行专书研究，穷尽式地统计《型世言》的经济词汇，运用相关语言学的理论对《型世言》经济词汇做初步的研究。在这其中，他对经济词汇这一概念做了界定，认为汉语词汇是成体系的，从语义场角度出发，将经济词汇系统看作一个大的语义场，即经济语义场，根据词义不同，将这个大的语义场划分为四个一级语义场：即“经济活动”“从业人员”“贸易场所”和“物资”，再下分若干二级、三级语义场，在语义场中对这些义位进行分析。

王洪涌（2006）在《先秦两汉商业词汇一语义系统研究》一文中描写了先秦两汉时期商业词汇的基本面貌，并且探讨了从先秦到两汉汉语商业词汇和语义发展的基本规律。其中，通过分析词义，归纳义位，他将本文将调查得来的 443 个商业词语和分析出的 273 个义位，分为商贾、商业活动、货币、市场、商业管理五个子词汇一语义系统，并对它们分别进行了考察。

黄锡全（2001）在《先秦货币通论》一书中对中国最早的货币——贝币、

金属称量货币、金属铸币、刀币、圜钱、楚国货币进行了详细研究。

在对外汉语教学中，对“经济”场中的汉字及相关词汇的研究主要以商务汉语教学为基础展开的。

罗鑫（2011）在《〈初级实用商务汉语〉与〈经贸初级汉语口语〉比较研究》一文中通过对《初级实用商务汉语》（刘美如著，2006 年 3 月）与《经贸初级汉语口语》（黄为之主编，2007 年 11 月）两套教材的比较探究了商务汉语教材的编写规律。其中，他以《商务汉语常用词语表》中列举的商务专用词为依据，着重对词汇部分进行了比较。同时，他还就商务汉语的词汇教学重点、商务汉语的专用语和生词表的编译提出了自己的建议。

陈思宇（2012）在《货币词语的文化和语义研究及其在商务汉语教学中的应用》一文中以文化语言学的理论及研究方法为指导，对货币词语进行了分析。其中，他从语义上，用义素分析法结合经济学的货币职能理论建立了价值尺度、支付手段、流通手段和价值储蓄四个语义场，用语体学理论对生活工作中的货币词语进行了口语、书面语的分析。

董伟琛（2015）在《基于标准的商务汉语教材经济类文化项目探讨——以〈商务致胜〉为例》一文中通过构建经济类文化项目表的方式探讨商务汉语教材的商务属性。其中，他以《卓越汉语 · 商务致胜》系列教材为例，统计分析了导读、主课文、副课文以及生词板块的商务汉语交际功能项目和经济类词汇项目的数量、分布、复现率与衔接性等问题。

袁珂（2008）在其文章《商务汉语口语教学中任务型教学模式初探》中说：口语教学作为培养学习者语言交际能力的课程，在商务汉语教学中有非常重要的地位。可是，目前的商务汉语口语教学中却存在很多问题。为了改善目前商务汉语口语教学中存在的问题，我们尝试以某一课为例，设计一堂任务型教学模式下的商务汉语口语课。经济活动场中的汉字无不与经济有关，也就是与商务活动有关，口语课中的任务型教学法在一定程度上给汉字的教学也提供了借鉴。

王玮（2010）在《新时期面向东南亚留学生的商务汉语教材及使用情况浅谈》一文中提道：“商务汉语的学习者语言定位为中级，HSK 水平大概在四级到六级之间。”这与上述 HSK 中常用词语的分布不谋而合。还指出教材习题的设计仍是以字、词、句、语法等语言练习为主，在一定程度上依据的是“字本位”原则。

周小兵和干红梅（2008）在《商务汉语教材选词考查与商务词汇大纲编写》中以近年出版的 10 部商务汉语教材为对象，考察《（汉语水平）词汇等级大纲》中的商务词汇，分析各教材的生词等级、共选词语、高频词和语素。

发现不少教材生词等级偏高，不同教材的共选词语极少，并探讨了相关原因。文章论述了编写《对外商务汉语词汇等级大纲》的必要性，提出大纲编写应以现实商务活动中使用的词语为重要来源。

魏玉红（2016）在《关于商务汉语的中日同形词研究》中提出：为提高日本学生学习商务汉语效果，通过对商务汉语的中日同形词进行分类细致的研究，总结规律，提出了教学对策。认为对于日本学生而言，商务汉语中因大量同形同义词的存在，在习得时因母语带来的正迁移效果大于负迁移效果；而在习得同形近义词中词义相异部分及同形异义词时，因母语产生的负迁移效果较大。这也提醒我们在进行经济活动场中汉字的教学时，要特别注意日本留学生的学习状况。

10.2.3 “经济活动场”在 HSK 中的考查点

1）听力题：

三级：

（1）这辆车现在能卖 5 万块钱吧，我两年前买的时候花了 15 万多哪。

判断：这辆车买的时候花了五万多。（×）

这道题中，主要考查的是“买”和“卖”的发音。

（2）男：这个冰箱太旧了，我们买个新的吧。

女：同意，去年我就跟你说应该换一个新的了。

问：女的希望怎么样？（A）

A. 买个新的　　B. 买个贵的　　C. 先借一个　　D. 把旧的卖了

（3）男：您好，现金还是刷卡？

女：现金，一共花了多少钱？

男：您本次一共消费 1650 元。收您 1700，找您 50，您收好。

问：女的一共花了多少钱？

答案：一共花了 1650 元。

本题中考查的是“消费”和“花”意思之间的关系。理解了“消费”的意思，这道题就不难答对了。

五级：

（4）女：爸，您看给我妈买这条裙子怎么样？

男：样式挺独特的，我也一眼就看中了，咱就买这条吧。

问：关于那条裙子，可以知道什么？（A）

A. 样式独特　　B. 是免费的

C. 是手工制作的　　　　　　D. 可以免费清洗

（5）女：先生，您一共消费了 570 元。请问是刷卡还是现金？

男：现金。请给我开张发票。

问：男的在做什么？（A）

A. 结账　　B. 取款　　C. 整理收据　　D. 办信用卡

（6）男：我昨天借了你 100 元，现在先还你 50，剩下的明天还你可以吗？

女：好的，我不着急用。

判断：现在女的欠男的 50 元。（×）

这道题考查了"借"和"还"这两个意义相反的汉字，只要留学生注意是谁借谁还就不会出错。

2）阅读题：

三级：

（1）选词填空。

A. 买　　B. 用　　C. 看　　D. 卖　　E. 写

女：您找的那本书已经（卖）完了。

男：那如果再进货的话，请尽快联系我，谢谢。

这道题中的主要易错选项是"买"，这时候就考查了留学生对"进货"这个词语的理解，是指某种商品卖完了，商店再从某个地方买来卖给顾客。

四级：

（2）男：听说你在找房子，我一个朋友有套一居室正想出租，你要不要去看看？

女：真的吗？我这两天正为这个事情发愁呢。你朋友的房子在哪里？

男：就在幸福小区，你不是去过吗？

女：太好了，这样每天上下班可以节省很多时间。房租是多少？

男：他说是要 1500，不过，如果我去问问他，估计可以便宜点儿。

女：好的。你帮我联系一下，找个合适的时间去看一下房子。

男：行，我现在就联系，一会儿再打电话给你。

问：① 女的最近为什么事情发愁？（A）

A. 找房子　　B. 出租房子　　C. 买房子　　D. 上班

② 关于那套房子，可以知道什么？（C）

A. 离女的上班的地方远　　　　B. 不能便宜

C. 可能便宜一点儿　　　　　　D. 现在去看房子

这道题的信息量比较大，考查了"房租""出租"等词语。只有整体理解了本篇文章，才能正确回答问题。

10.2.4 教学思路

1）情景教学，注重交际

经济活动场多涉及人与人之间的交际，在教学中要灵活使用情景法，多创设一些有意义且贴近学生实际生活的情景，在情景中进行讲解，并引导学生进行交际性的训练。如“谈生意”“去银行办业务”“签合同”“购物”等情景都是 HSK 考试中的常见考查点。

2）实景操练，归纳相关词语

经济活动场比较接近生活，教师讲解后要引导学生多加操练，可以设计不同的任务，比如去银行办卡换钱、去市场买东西、租房子等等，让学生运用经济活动场的相关知识进行交际实践，在此基础上引导学生对场景中出现的词语进行归纳总结整理。

10.3 “教卫科研场”概况

分场结果显示：“教卫科研场”中共有 37 个汉字，动词占全部比重。其中包括初级汉字 21 个，中级汉字 9 个，高级汉字 7 个。这 38 个汉字分别是：传（chuán）、傅、迪、诱、训、习、考、读（dú）、仿、效、学、和（hè）、叶（xié）、阅、讽、诵、呻、吟、抄、划（huá）、纪（jì）、录、写、描、释、探、衍、译、辑、勘、订、删、勾（gōu）、画、绘、灸、疗、诊。从语料库统计的频率和 HSK 真题来看，该场中汉字的偏误率大部分都是在 0.03 ~ 0.1 左右，有少数汉字的偏误率在 0.1 以上，比如中级汉字“删”的偏误率为 0.333 3，“探”的汉字偏误率为 0.263 2；高级汉字“呻”为 0.2，“吟”为 0.25；初级汉字“傅”的偏误率为 0.225 8；最高的还是中级汉字“诵”的偏误率，高达 0.44。另一方面，从汉字的出现频率来看，初级汉字整体上比中高级汉字出现率高。初级汉字“学”的出现频率最高，值为 19 026。高级汉字“勘”的出现频率最低，仅为 2。

10.3.1 “教卫科研场”汉字在 HSK 词汇等级大纲中的分布

一级：学习、同学、学生、学校。

二级：考试。

三级：复习、练习、习惯、数学。

四级：传真、师傅、预习、考虑、阅读、效果、科学、留学、世纪、解释、翻译。

五级：传播、传递、传染、传说、传统、流传、宣传、教训、训练、实习、思考、参考、仿佛、模仿、效率、化学、文学、学期、学术、学问、哲学、讽刺、划船、纪录、纪念、纪律、录取、录音、目录、记录、描写、编辑、预订、删除、动画片、治疗、诊断。

六级：传达、传单、传授、培训、高考、考察、考古、考核、考验、朗读、成效、功效、背诵、纪要、备忘录、登录、描绘、爱不释手、勘探、敷衍、签订、勾结、画蛇添足、漫画、门诊。

并不是所有包含该场汉字的词语，都与教卫科研有关。比如上述词语中的“习惯、效果、世纪、仿佛、效率、划船、纪律、预订、成效、功效、登录、爱不释手、敷衍、签订”等词语的意思就与教卫科研的联系不大或者直接没有联系。随着语言的发展演变，如今也有一些场中的汉字，我们不再经常使用，或者只在特定的词语中才会出现。这样的汉字有“叶（xié）”，只有在人名或者“叶韵”这个词语中才会看见，“傅”也是一样的道理。

10.3.2 “教卫科研场”相关研究

魏红和施银宝两位学者在文章《汉语动宾结构特点与汉语动词教学分析》中提出了在对外汉语中动词的教学方法：动宾结构的整体教学法；汉外动宾结构的比较教学法；分层次分阶段教学法。同时，对对外汉语教材中动词的编写提出一定的建议：教材中动宾结构的呈现要体现一定的全面性；教材对动词带宾结构的选择要注重实用性；教材中动词带宾形式的编写顺序要由简单式到扩展式；教材中的不同动宾结构应该有一定的重现要求。这方面的研究对我们有较强的借鉴意义。作者还主张，动词带宾语类型的倾向性也反映出动词的带宾能力。比如该场中的汉字“学”，可以组成“学车、学习、学走路”等词语。

李美玲在《谈对外汉语教学中的双音节合成词》中指出：在对外汉语教学中，外国留学生极易混淆双音节合成动词的用法。该文就如何区别使用双音节合成动词进行了探讨。“朗诵”就是一个典型的例子。

汪灵灵在《对外汉语教学中的词汇空缺现象及对策》一文中，从空缺理论的角度，对对外汉语教学中的词汇空缺现象进行了思考，并对解决的对策进行了分析。这样的现象在教卫科研场中也有所体现，比如说“叶韵”这个词，在《朗文》词典中就没有与之相对应的日文。所以在教学的时候，难免增加留学生理解的难度。

杨宝忠（2001）在《“勾”字出现的时间及相关问题》一文中，就董楚平先生《浅谈“勾践”与“句践”的纠纷问题》一文中涉及的“勾”字出现的年代及其相关问题谈论了自己的看法。

赵春辉（2011）在《“学”字释蕴——解读〈劝学〉的一把钥匙》一文中对“学”字的内涵及其演变进行了较为详细的阐述。

10.3.3 “教卫科研场”在 HSK 中的考查点

1）听力题：

三级：

（1）男：我看您对中国地理很了解，您是教地理的吗？

女：不是，我是教数学的，但我对地理很有兴趣。

问：女的是教什么的？（C）

A. 汉语　　B. 地理　　C. 数学

六级：

（2）读书有很多好处，可以增长知识，开阔眼界。但是现在的人们除了玩游戏就是看电脑，对读书一点都不感兴趣。（D）

问：我们可以知道什么？

A. 读书没有许多好处　　B. 老师是最好的朋友

C. 父母是最好的老师　　D. 现代人不喜欢读书

2）阅读题：

一级：

（1）选词填空。

A. 教　　B. 多么　　C. 河

D. 爱好　　E. 满意　　F. 终于

男：您做过哪些工作？

女：我以前是大学老师，主要（A）东西方饮食文化比较。

三级：

（2）连词成句。

简单　下午的考试　比较

参考答案：下午的考试比较简单。

这道题难度较小，“考试”只是一个简单的词汇，理解意思就可以。

四级：

（3）选词填空。

A. 粗心　　B. 正好　　C. 校长

D. 知识　　E. 举办　　F. 交

男：会议（E）得非常成功，祝贺你们！

女：谢谢您，（C）。您能来是对我们最大的鼓励。

六级：

（4）有一位成功的女老师讲了这样一个故事：差不多 5 年以前，她的女儿正在上幼儿园。有一天，她看到了女儿的一幅绘画作品。当时，她一下子就愣住了。孩子总是充满了想象，孩子的世界也应该是一个充满了想象的世界。可是，在她女儿的一幅名为《陪妈妈逛街》的画中，既没有高楼大厦，也没有马路上的车辆，更没有各种各样的商品，有的只是数不清的大人们的腿。

问：刚看到女儿的画时，女教师：

A. 大为赞叹　　B. 十分感动　　C. 不太满意　　D. 难以理解

（5）司马迁的父亲司马谈临死前____他，希望他能写出一部无愧祖辈的优秀____来。司马迁____了父亲的遗志，终于完成了一部____的历史巨著《史记》。（D）

A. 教训 作品 实现 成功　　B. 告诫 文章 接受 大型

C. 叮嘱 书籍 担负 伟大　　D. 嘱咐 著作 继承 空前

这道题直接考查了留学生是否理解“教训”意思，如果不理解，就不能正确运用，也就无法准确选择正确答案。

10.3.4 教学思路

从“教卫科研场”的角度来看，大部分 HSK 词语都在四级以上，因此在教的过程中教师要注意易混词语的辨析使用。

1）注意与教学有关的易混词

如“学习”和“学”“考试”和“考”“录音”和“录”。这样的词语不在少数，在教学过程中要注意辨析。

2）注意辨析卫生方面词语

像“传染”和“感染”这样包含相同语素的词语到了中高级阶段混淆率很高。再如“传达”和“转达”“成效”和“功效”等等。

10.4 “社交场”概况

分场结果显示“社交场”中一共有 136 个汉字，初级有 75 个，分别是“拜、邀、会、陪、迎、待、候、贺、庆、送、邮、讲、说、诉、谈、云、述、宣、咐、告、要（yāo）、语（yù）、代、替、答（dá）、对、问、应、介、寄、请、给、贡、献、递、换、交、借、取、授、催、谢、让、商、答（dā）、许、允、励、劝、说（shuì）、慰、帮、辅、济（jì）、救、助、护、看（kān）、养、育、犯、抗、违、遵、赞、骂、阿（ē）、骗、欺、挡、拦、惹、逼、吓（xià）、吓（hè）”；中级有 34 个，分别是“辞、侃、叙、阐、谓、嘱、询、咨、夸、瞒、驳、呵、谴、捐、赏、遗（wèi）、赠、偿、捎、盟、诺、抚、伺、赡、贬、颂、辩、协、蒙、赚、搅、迫、侮、残”；高级有 27 个，即“缔、搀、叨（tāo）、唠、曰、誓、叮、讳、斥、乞、馈、洽、诫、侍、鞠、谤、诽、讥、啧、哄、殴、庇、沮、挠、阻、唆、诬”。社交场汉字数量较多，且场内还可以分为更小的场，但这些汉字都与人与人之间的交际往来活动有关。从语料库统计的频率来看，社交场中“说、要、看、候”等汉字出现频率较高，“说”字出现频率最高，达 13 335 次，这充分体现了社交场汉字的重要性与实用性，是日常汉语交际所离不开的。此外，“云、语（yù）、遗（wèi）”等汉字在现代汉语中出现频率较低。从汉字的偏误率来看，“侃”“余”“劳”“曰”“呵”“励”“赡”等汉字偏误率较高，在 0.2 以上；“会”“候”“告”“要”“语”“叮”“对”等汉字偏误率较低，在 0.05 以下。

10.4.1 “社交场”汉字在 HSK 词汇等级大纲中的分布

含有“社交场”汉字的词数量较多，大多与社交有关，但也有与社交场字引申义有关的词。在与其本义引申义有关的词中：

一级：说话、对不起、谢谢、时候，商店。

二级：欢迎、告诉、回答、问题、介绍、帮助。

三级：会议、电子邮件、要求、帮忙、体育、机会，一会儿，护照。

四级：邀请、约会、祝贺、说明、广告、代表、代替、答案、对面、对话、反对、访问、适应、请假、请客、申请、交流、交通、教授、感谢、商量、允许、鼓励、保护、护士、养成、教育、社会、误会、小说，现代，许多，也许，经济。

五级：礼拜天、聚会、宴会、迎接、招待、待遇、等待、对待、接待、期待、等候、问候、国庆节、庆祝、邮局、讲究、讲座、传说、胡说、解说员、据说、说不定、说服、谈判、叙述、宣布、宣传、嘱咐、报告、告别、转告、对比、对待、对方、对手、对象、对于、绝对、面对、相对、针对、提问、问候、询问、疑问、答应、反应、应付、应聘、应用、中介、请求、贡献、传递、交换、打交道、交际、借口、采取、录取、取消、争取、答应、安慰、辅导、救护车、爱护、维护、培养、营养、罪犯、抗议、违反、遵守、称赞、赞美、赞成、辞职、推辞、所谓、咨询、询问、欣赏、赔偿、辩论、协调、迫切、残疾、阻止、体会、朝代、当代、古代、近代、年代、时代、学问、商品、商业。

六级：拜托、拜访、拜托、崇拜、博览会、会晤、聚精会神、领会、看待、款待、亏待、虐待、迫不及待、候选、洽谈、阐述、陈述、吩咐、告辞、告诫、公告、警告、被告、布告、代价、代理、后代、交代、历代、报答、答辩、答复、对策、对称、对付、对抗、对立、对联、对应、对照、反问、顾问、过问、供不应求、对应、媒介、寄托、请柬、请教、请示、请帖、奉献、递增、兑换、交叉、交代、交涉、交往、交易、立交桥、成交、借鉴、借助、取缔、传授、让步、磋商、经商、或许、激励、奖励、勉励、辅助、救济、抢救、补救、拔苗助长、辅助、借助、辩护、保养、抚养、教养、发育、培育、触犯、侵犯、抵抗、对抗、反抗、欺骗、欺负、惹祸、逼迫、恐吓、告辞、叮嘱、反驳、谴责、奖赏、补偿、偿还、得不偿失、联盟、承诺、抚养、贬低、贬义、歌颂、辩解、辩证、答辩、齐心协力、搅拌、紧迫、迫害、强迫、逼迫、从容不迫、残酷、残留、残忍、摧残、取缔、唠叨、发誓、忌讳、排斥、乞丐、反馈、鞠躬、诽谤、讥笑、起哄、殴打、包庇、沮丧、啰唆。

时候、商店、机会，一会儿、护照、社会、误会、小说、现代、许多、也许、经济、体会、朝代、当代、古代、近代、年代、时代、学问、商品、商业等词语与本意已没有多大关联。

10.4.2 “社交场”相关研究

目前有关对外汉语“社交场”汉字教学研究比较少，几乎没有对“社交场”汉字进行系统性的研究和教学实践的文献。有关社交角度的汉语教学多是从语用角度出发，对留学生汉语过程中出现的社交偏误进行分析并寻找对策，对“社交场”汉字只是略有涉及；或者对“社交场”内单个汉字的单独研究，缺乏对“社交场”汉字整体系统性的研究。相关研究成果列述如下：

黄劲伟（2013）在《也谈“告”字形义》一文中，讨论了“告”字的形体部件及意义发展过程，在此基础上系联“告”相关的词义系统及其演变。

陈倩（2015）在《从社会—认知视角看留学生的汉语语用失误》一文中将留学生的社交语用失误分为礼貌原则误用导致的语用失误和文化习俗差异导致的语用失误。

尹枝萍、郝兴跃（2004）在《跨文化交际活动中的语用问题探讨》一文中，从跨文化语用学的角度，探讨了跨文化交际中的语用问题。认为语用障碍和语用失误乃是导致交际失败的主要原因，了解并消除这些失误，对有效交际和外语教学的顺利进行有着极其重要的意义。

吴杰仪、李城（2005）在《试论汉语社交称呼语的类型》一文中提出，社交称呼语与人所处的社会层级系统密切相关。社会层级系统决定了社交称呼语的层级性，影响和制约了社交称呼语的接纳原则。社会层级系统影响下的汉语社交称呼语可分为四种类型：抬高型称呼语，突显型称呼语，关系场合型称呼语和随时代变化的社交泛称语。

陈华、赵丽英（2005）在《浅论社交礼仪课程的现代教学模式》一文中提出，社交礼仪作为一门新兴学科，是随着社会的开放、经济活动的发展和各种文化的交流、渗透而发展起来的一门应用性学科。由于各种礼仪活动中场合、时间、对象的灵活性、可变性，所以更要求教学必须打破常规模式，重视理论与实践结合，运用多种现代化教学方式，以便达到良好的效果。

丛爱农（2006）在《任务型交际活动中的词汇教学策略》一文中提出，学习者在任务型交际教学活动中的英语词汇学习包含在任务前、任务中、任务后三个阶段。教师可根据教学实际和学生特点，创造性地设计任务型学习活动，尽可能创造真实的语言活动情境，激励学生共同参与、共同交流、共同学习，掌握词汇，并逐步提高语言的综合运用能力。

彭坚、李勇（2006）在《从翻译错误中看社交语用失误》一文中阐述了社交语用失误的特点及其产生的一些原因，并通过一些翻译实例的对比分析，阐明了引起翻译社交语用失误常常是由于翻译时忽视了表达方式上及思维方式上的文化差异。

李珍杰（2008）在《汉语社交称谓语与汉语教学》一文中，通过对汉语交际中主要的几种称谓语的分析，找出这些称谓语使用以及变化背后的社会动因。

任泓璇（2013）在《浅谈中西方社交礼仪文化的差异》一文中，在前人研究的基础上，进一步研究社会礼仪在中西方国家的主要差异，同时提供一些提示以避免混乱，挫折和误解，从而促进跨文化的交流。

白岚、贾秀春（2017）在《中外社交礼仪文化比较与跨文化交际》一文中，就中外社交礼仪文化的差异进行了对比，同时对如何提高跨文化交际能力提出了建议。

10.4.3 “社交场”在 HSK 中的考查点

社交场汉字在 HSK 中出现频率较高，不仅表现在听力对话中，在阅读和书写题目中也经常出现，其重要性可见一斑。

1）听力题：

（1）选择图片：

① 听力材料：老师，这个题我会，让我来回答吧！

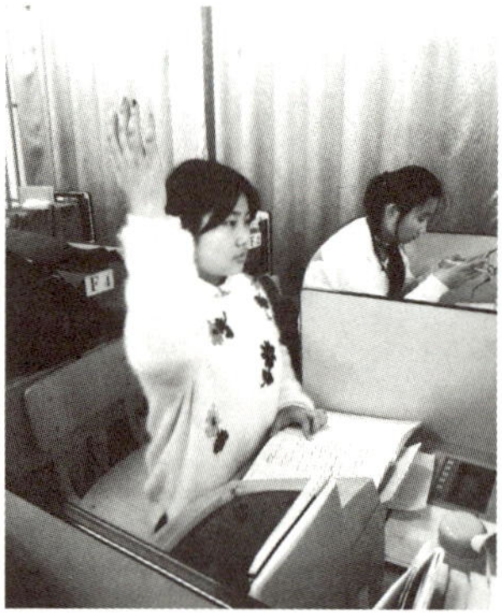

（√）

② 听力材料：男：给你现金，可以吗？

（√）

女：可以。

（2）单项选择。

听力材料：男：今天的报纸还没送来吗？

女：已经送来了，在我这呢。

男：那你看完给我看看。

女：好，我很快就看完了。

问：女的正在做什么？（C）

A. 洗衣服　　B. 打电话　　C. 看报纸

2）阅读题：

（1）选词填空。

① 女：你们家谁会开车？

男：我爸爸妈妈（都）会。（B）

A. 也　　B. 都　　C. 还　　D. 又

② 现在有很（多）人来中国学汉语。

A. 多　　B. 少　　C. 大　　D. 好

③ 父亲望着我，＿A＿了一会儿说："这担子重，有压力，不走不行。"

A. 思考　　B. 想象　　C. 强调　　D. 问候

④ 是的，在人生路上＿C＿，有压力才会有动力，才能在人生的路上大步向前。（节选）

A. 都希望一帆风顺　　B. 要诚恳地对待别人

C. 没有压力就会落后于人　　D. 总需要来自同伴的支持

⑤ 人在泡方便面时，等上三分钟，面的香味＿A＿加上等待，会让人胃口变好，会觉得面更好吃。（节选）

A. 刺激　　B. 燃烧　　C. 生长　　D. 删除

（2）图文匹配。

① 不客气，张小姐，请坐。

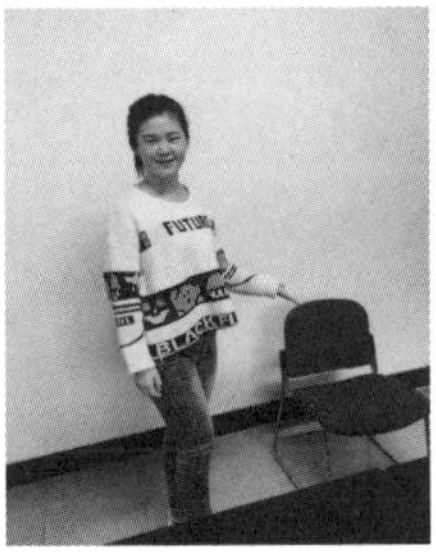

（√）

（3）问答匹配。

① 问：你喝水吗？

答：好的，谢谢！

（4）阅读理解。

① 人们每天花在家庭中的时间越来越少，这已经成为一种普遍的社会现象。六成的都市白领每年只会有不到三次家庭聚会；七成以上的女性因为长期缺少陪伴而缺乏幸福感；近一半的人在忙碌过后，面对伴侣时感到无话可说。

A. 都市白领更重视家庭

B. 家庭聚会越来越频繁

C. 人们与家人相处的时间少了

D. 大多数都市女性感到婚姻幸福

② 有些孩子人际交往很少、独立生活能力差，因此他们整天想着玩电子游戏和上网。父母平时应鼓励孩子多和朋友一起玩儿，多参加体育活动，培养他们多方面的兴趣爱好。同时要和孩子约定每天上网和玩游戏的最长时间，不能超时。

A. 家长要培养孩子的交往能力

B. 男孩子独立生活能力强

C. 家长应该陪孩子一起上网

D. 老师要规定体育活动的项目

3）写作题：

（1）连词成句。

① 满足　　孩子们的要求　　尽量　　我们　　会

答案：我们会尽量满足孩子们的要求。

② 他　　机会　　把握　　很　　善于

答案：他很善于把握机会。

③ 救护车　　送进了　　医院　　被　　受伤的人

答案：受伤的人被救护车送进了医院。

10.4.4　教学思路

1）等级分类，由易到难

由于社交场汉字数量较多，字义丰富，难度不一，所以首先应将社交场内的汉字按照难度进行分级，按照由易到难的顺序教授给学生。像“会、说、让、谢、对”等这类比较简单且常用的汉字应该优先教授，从音形义三个方面对场内汉字进行全面深入的讲解。随着学习者汉语的水平的提高，循序渐进，不断扩充。

2）义场分类，系统教学

社交场的汉字较多，可以继续按照意义分类，分为多个小类场，便于学习者对大量的社交场汉字进行系统的理解记忆与内化。可以分为诸如“拜访”“告辞”“告诉通知嘱咐”“问答对质”“请求委托讲情”等各个小类场，在对场内汉字进行过初步的学习之后，将已学习的汉字按照小类场进行系统化整理，引导学习者进一步对所学汉字进行系统性的回顾，深化记忆。此外，在学习各个小类场时也可以结合汉字的形旁加强理解。

3）创设情境，注重实践

社交情境是丰富多样的，社交场汉字适用的情景也不尽相同。针对不同的汉字，教师在教学中需要创设不同的情境，并引导学生在正确的情境中不断地演练。比如，在教授“拜”字时，要像学生强调下对上为“拜”，可用作敬辞。例如，“学生去拜访老师”“拜读大作”“拜寿”“登门拜谢”等等。“咐”则多用于下对上。在学习意义相近的汉字时，也可通过创设不同的情境加以区分。

4）色彩义异，褒贬分明

社交场汉字的色彩义既有感情色彩的差异，也有语体色彩差异，教学中要注重区分。比如，“洽”“询”“咨”“馈”“曰”等字就比较书面化，而“给”“说”“问”等字则是口语中经常用到的；再如，“拜”“邀”“迎”“谢”“赏”等字具有褒义色彩，“犯”“诬”“违”“贬”“蒙”“斥”等字则具有贬义色彩，而“辩”“说”“递”“取”等字为中性。如果学习者掌握不扎实，就会在社交中出现尴尬的局面。

5）结合功能得体表达

社交场主要是学习在不同场合跟人打交道时的用语。语言是交际的工具，交际时除了要做到语义清晰以外，还要注意语用也就是得体性。在不同的场合要讲授针对不同对象的不同的表达，保证交际的顺利进行。如学习“告辞”场景中的对话，客人要告辞的时候说“我走了”和“我要告辞了”哪个更得体？主人说“你走吧”还是“再坐一会儿吧”？这样的挽留是撒谎还是一种礼貌？这些都可以引导学生在课堂上边学习边讨论，让他们更深入地了解中国人的心理，探讨本国文化与中华文化的异同。

10.5 “生活场”概况

分场结果显示生活场中的汉字共有 119 个，全部为动词，是一个可观的数量，可见，其在教学中应是一个重点。119 个汉字中分别包括了 70 个初级汉字，31 个中级汉字和 18 个高级汉字。其中初级汉字有“处（chǔ）、居、宿、家、住、待、逗、留、历、劳、搞、试、为、做、脱、与、当、选、择、择

(zhái)、察、使、用、称、计、量、数、算、约(yāo)、并、分、划(huà)、划(huá)、解、拼、起、睡、歇、休、从、随、避、藏、躲、逃、藏(zàng)、找、补、晒、烤、煮、尝、宴、玩、戏、逛、婚、配、妻、来、临、去、往、出、入、差、赶、进、退、追”等 70 个;中级汉字有“侨、施、参、伺、辨、判、挣、眯、妆、亡、储、寻、缝、暴、晾、熬(áo)、炮(bāo)、熬(āo)、炒、煎、炸、饮、酬、娱、嫁、娶、吊、奠、蜡(zhà)、奔(bèn)、缩”等 31 个;高级汉字有“稽、迁、掂、攒、寐、寝、窜、搜、攒(zǎn)、缀、曝、烙、烹、祭、腊、祀、赴、晋”等 18 个。由于生活场中的汉字太多,有些复杂,我们又将生活场这个大场分为数个教学小场,其中包括生活场、工作场、作息场和饮食场等等。饮食场包括:择(zhái)、烤、煮、尝、宴、熬(áo)、炮(bāo)、熬(āo)、炒、煎、炸、饮、烙、烹;作息场中有:待、逗、留、起、睡、歇、休、寐、寝;工作场中包含:为、做、去、往、挣等;生活场中有:婚、配、妻、进、退、追、晾、晒等。每个分场中的汉字都有其经常使用的词语,比如:择(zhái)——择菜;婚——结婚、离婚;起——起床、起来;挣——挣钱;妻——妻子;晾——晾干、晾晒……

根据我们分场得出的数据,从语料库统计的频率来看,整体上来说,初中级汉字出现频率远高于高级汉字,但是也不乏特殊情况。初级汉字中的“来”“去”“起”“为”四个汉字的出现频率非常之高,其频率分别是 19 098、15 033、9 540、12 189。而在高级汉字中,“烙”“寝”“稽”的出现频率非常低,分别为 3、3、2。在中级汉字中的“晾”的出现频率仅为 4,而与之意义相近的初级汉字中的“晒”,频率则为 43,差距是显而易见的。另一方面,我们从汉字偏误率来看,中级汉字的“侨”“伺”和高级汉字的“稽”的偏误率均为 0,而初级汉字中的“并”的偏误率竟然是 5.83,这个数字与其他汉字的偏误率数值(0.03 ~ 0.1/0.1 ~ 0.3)出入太大。

10.5.1 “生活场”汉字在 HSK 词汇等级大纲中的分布

生活场中汉字在 HSK 词汇等级大纲中的分布如下:

一级:分钟、对不起、睡觉、出租车。

二级:考试、为什么、因为、起床、一起、休息、妻子、去年。

三级:虐待、历史、农历、认为、以为、选择、作用、打算、解决、了解、游戏、结婚、过去、出现、参加、凝聚。

四级:留学、经历、成为、做生意、当地、当时、警察、大使馆、即使、使用、信用卡、估计、计划、大约、约会、并且、部分、解释、理解、起飞、引起、从来、随便、开玩笑、本来、从来、后来、将来、来不及、来得及、起来、原来、往往、出差、出发、出生、演出、入口、收入、差别、差不多、进行、参观、任何。

五级：待遇、等待、对待、接待、期待、招待、逗、保留、日历、简历、劳动、劳驾、疲劳、勤劳、试卷、行为、作为、参与、与其、当代、上当、相当、选举、观察、促使、使劲儿、费用、利用、日用品、应用、用途、运用、称呼、称赞、计算、会计、设计、总算、节约、百分点、分别、分布、分配、分析、过分、划船、解放、解说员、看不起、了不起、休闲、退休、从此、从而、从前、从事、服从、自从、随时、避免、躲藏、寻找、补充、烤鸭、宴会、玩具、戏剧、离婚、婚礼、婚姻、配合、分配、看来、来自、未来、以来、光临、临时、面临、往返、出版、出口、出席、突出、输入、赶紧、赶快、促进、改进、进步、进口、退步、追求、措施、设施、参考、何必、何况、挣钱、寻找、油炸、娱乐、聚会。

六级：熬、看待、款待、亏待、迫不及待、残留、拘留、留恋、留念、留神、遗留、滞留、学历、来历、历代、历来、操劳、功劳、尝试、试图、试验、见义勇为、迄今为止、人为、为难、为期、为首、无能为力、做东、做主、摆脱、脱离、与日俱增、不敢当、充当、当然、当场、当初、当面、当前、当事人、当选、当务之急、当心、理所当然、恰当、妥当、正当、候选、竞选、筛选、选拔、选手、不择手段、考察、假使、使命、致使、副作用、民用、耐用、实用、通用、引用、用功、用户、称心如意、称号、对称、共计、计较、千方百计、统计、合算、结算、精打细算、算了、算数、预算、运算、条约、隐约、约束、制约、并存、并非、并列、合并、处分、分辨、分寸、分红、分解、分裂、分泌、分明、分歧、分散、分手、分量、划分、区分、策划、规划、辩解、分解、缓解、和解、见解、解除、解雇、解剖、解散、解体、谅解、溶解、调解、瓦解、误解、拼搏、拼命、起草、起初、起哄、起码、起义、起源、掀起、修养、从容不迫、无从、伴随、跟随、随身、随时、随手、随意、回避、逃避、收藏、蕴藏、补偿、补救、补贴、弥补、品尝、玩弄、玩意儿、把戏、配备、配偶、配套、支配、搭配、继往开来、近来、苦尽甘来、来源、向来、濒临、降临、临床、往常、往事、向往、以往、一如既往、继往开来、交往、层出不穷、出路、出卖、出身、出神、出息、出洋相、杰出、支出、陷入、时差、误差、相差、差距、进而、进攻、进化、进展、上进心、先进、循序渐进、撤退、衰退、追悼、追究、华侨、施加、施展、参谋、参照、无可奈何、挣扎、化妆、灭亡、死亡、储备、储存、储蓄、寻觅、爆炸、应酬、报酬、聚精会神、迁就、迁徙、变迁、搜索、点缀、曝光。

上述词语中，仍然有不少词语的意义已经发生变化，与“生活”场中汉字联系不大甚至已经完全没有联系了。这样的词语有：分钟、对不起、一起、去年、认为、以为、成为、当地、当时、大使馆、即使、并且、从来、部分、本来、后来、原来、往往、期待、试卷、当代、相当、费用、称呼、称赞、百分点、看不起、了不起、从而、戏剧、分配、赶紧、迫不及待、迄今为止、当然、当场、当初、当面、当前、当务之急、当心、理所当然、假使、致使、称号、算了、条约、约束、制约、并非、分寸、见解、误解、起草、起初、起码、从容不迫、配备、往常、往事、以往、一如既往、相差等。

10.5.2 “生活场”相关研究

杨丽君（2002）在《动词“搞”在现代汉语中的语用考察》一文中，从语用的角度，着重考察现代汉语动词“搞”的使用频率、词汇意义和方言情况，认为动词“搞”至少在清末就已经出现在现代汉语书面语中，20世纪50年代前后被纳入汉语基本词汇。“搞”的词汇意义复杂多样，并且具有很强的口语色彩和贬义倾向。随着“搞”在共同语中被越来越多的使用，它的方言色彩趋于淡化。

齐春红、邱渊（2003）在《谈动词到介词的虚化和介宾短语入句的位置》一文中提出，上古汉语中，介词很少，现代汉语中的介词多是由动词虚化而来。介词的增多和介宾短语的位置反映了人们的认知倾向。

吴金花（2005）在《汉语动词介词化动因考察》一文中，以《现代汉语八百词》中常用的单音节介词为考察对象，运用语法化理论，对汉语动词介词化的动因进行分析，认为汉语动词的介词化是句法语义因素、同步虚化因素、认知因素以及语用因素等多方面共同作用的结果。

何洪峰（2014）在《动词介词化的句法语义机制》一文中首先讨论汉语动词介词化的句法语义机制问题，然后概括汉语动词介词化的特征，包括：汉语介词的语法化机制；汉语动词介词化的句法机制；汉语动词介词化的语义机制；汉语动词介词化的特征。

10.5.3 “生活场”在 HSK 中的考查点

生活场中的汉字出现频率较高，就是因为与生活息息相关。因此，这类词语在 HSK 考题中的出现频率也是较高的。

1）听力题：

（1）在给新居装修时，许多人都喜欢用一些带颜色的亮漆，或在屋子里摆一些五颜六色的植物或者鲜花。但是选择颜色要跟自己的健康、个性以及周围环境结合起来。例如，对于在外面比较劳累、性格很外向、很活跃的人来说，家庭色彩对比不能太强烈，要柔和一些，这样对消除身心疲劳能起到比较好的帮助作用。

不同颜色会对人的心理和健康产生不同的影响……

问：讲话人为什么建议装修颜色要对比柔和一些？

答案：对消除身心疲劳能起到比较好的帮助作用

这道题是高级 HSK 真题中的听力题，比较难。但是非常贴近生活，可见生活场中汉字的重要性。

（2）刘大壮属于那种永远不会安分守己的人，有工作不好好干，就喜欢自己瞎折腾。先是放着做了好几年的报社的工作不要，仗着有几个人夸他摄影技术好，非要自己开影楼。开就开吧，可干了两年多，名声刚打出去又不干了，琢磨着要开美容院。按常理说，男性平时抹点儿护肤品已经属于稀罕物了，可他还要另类一下，不仅要开美容院，当老板，还要直接指导女性美容，这使他的很多朋友，包括到美容院的顾客都非常惊讶。

问：刘大壮开影楼前可能从事什么职业？（B）

A. 摄影师　　B. 记者　　C. 老板　　D. 理发师

这道题考查的主要是生活场中的小分场——担任工作场，“做”“开”之类的汉字在生活中也是常见的。

（3）有些人觉得中午睡觉很浪费时间，可研究证明：午休对人们的身体是有好处的。它可以让你下午更有精神地去工作和学习。

判断：中午休息是一件浪费时间的事情。(√)

（4）十年前，他还是一个小青年，因为从小父母离婚，他跟着外婆一起住。他不爱讲话，性格不好，学习成绩也一直不好。高中毕业以后，他到一家饭馆当服务员。他有一个爱好就是唱歌。他从来没有放弃过当歌手的梦想。每天工作之余，他都会努力地练习唱歌。十年后，很多人都喜欢他。他就是当今非常著名的歌手——周杰伦。

判断对错：

周杰伦小时候，他的父母就离异了。(×)

（5）男：你该睡觉了，不要再玩电脑了。

女：我今天都睡了一天了，现在睡不着。

男：那你可以去看看书呀，过几天就要考试了。

女：那好吧。

问：女的为什么不去睡觉？（A）

A. 不困　　B. 要看书　　C. 想玩电脑　　D. 要准备考试

答案选 A。“不困”的意思就是睡不着，因为原文中说：今天都已经睡了一天了，现在睡不着。

（6）男：这个菜多少钱？

女：65。

男：好的，要一个。再要个鱼香肉丝，这个菜我最喜欢吃了。

女：行，请等一会儿。

问：男的在干什么？（C）

A. 买菜　　B. 卖菜　　C. 点菜　　D. 吃菜

答案选 C。从“要”这个字还有几个菜名就可以判断出。

2）阅读题：

（1）从宋代开始，饮茶习惯逐渐由煎煮改为“点注”，团茶研碎经“点注”后，茶汤色泽已经近白色了。这样，唐时推崇的青色茶碗也就无法衬托处“白”的色泽。

问题：根据本文，唐代和宋代制作茶汤时都需要将茶（A）。

A. 煎煮　　B. 点注

经过分析上述题目，我们可以发现：整个生活场中的汉字以及与它们相关的词语是考查的关键。因此，在对外汉语教学中，这类汉字的教学显得格外重要。

10.5.4　教学思路

既然整个生活场中的汉字都与生活息息相关，那么毫无疑问，它们一定是对外汉语老师教学和留学生学习汉语中的重点。在此，我们针对生活场中汉字的相关特点，提出以下几点教学原则。

1）注重搭配的原则

着眼于经常使用的词语及其搭配，例如“睡”这个汉字，我们经常搭配使用的词语有“睡觉”“睡醒”“睡着”等。还有它的常用搭配：睡个午觉、睡了一个小时觉、睡不着等等，这些就是学习的重难点，因为“睡觉”是个离合词，而离合词的概念十分模糊难懂，这样，搭配就显得格外重要了。

2）联系生活的教学原则

生活场一定离不开生活，教师在教学过程中要抓住生活中的场景进行引导教学，使学生完全融入现实生活中，这样的教学模式能提高学生的主动性，而且能让他们学习到地道的汉语表达。

3）时时关注字形

汉字教学应该注重“音形义”相结合的原则，那么在生活场中的汉字，有些字的难度比较高，比如“寐、寝、藏、缝”等笔画较多，需要多练习；还有一些汉字，笔画虽然简单，但是极其容易出现丢三落四或者画蛇添足的错误，比如：“富”的两点容易被漏掉，“晒”容易多加一道横……

第十一章 “心理活动场”对外汉字教学研究

“心理活动场”中共有106个汉字，主要是动词和形容词。从汉字的偏误率来看，整体上的偏误率不高，基本介于0.04到0.16之间。少数汉字在0.05以下或0.17以上。在这其中，“悲”的偏误率最高，偏误率为20.57；“该、须、应”的偏误率最低，偏误率为0。从汉字的等级方面来看，初级汉字62个，中级汉字26个，高级汉字18个。按照教学场分场结果，“心理活动场”可以细分为心理状态、心理活动和能愿3个类别，本章主要对“心理活动场”和“心理状态场”两个场进行研究。

11.1 “心理状态场”概况

分场结果显示心理状态场中一共有41个汉字，初级有19个，分别是“悲、欢、说（yuè）、喜、愉、乐（lè）、愁、烦、悄（qiǎo）、愤、怒、安、歉、慌、急、惯、恋、恐、怕”；中级有14个，即“哀、欣、豫、悦、闷（mèn）、恼、惭、愧、羞、匆、惕、怖、惊、讶”；高级有“忧、慨、尬、懈、惑、诧、惧、畏”8个汉字。从语料库统计的频率和HSK真题来看，心理状态场中“怕、惯、恋、惊、急、安、喜、烦、乐”等汉字出现频率较高，“欢”字出现频率最高，达5 249次，这充分体现了心理状态在汉语口语表达中的重要作用，以及心理状态类别的丰富。根据语料库提取的句子来看，大部分心理状态场汉字意义相对稳定，表示心理状态；有些字主要意义发生变化，如“惯”“匆”；有些字不再使用，比如，“说（yuè）”字在现代汉语中已经被“悦”取代，心理状态场中很多汉字是不成词语素，需要与其他语素组合才能成词。

11.1.1 “心理状态场”相关研究

目前，有关心理状态场教学的研究主要集中在对心理动词的研究以及对心理动词、情感形容词、心理形容词等的界定上，从字本位角度出发以及对于心理状态场内教学进行的研究相对欠缺。

缪俊（2007）在《心理态度形容词》一文中尝试从语义出发对心理态度形容词支配小句作补足语的现象进行解释。

张虹倩和刘斐（2011）在《现代汉语心理形容词带宾语结构研究》一文中阐述了心理形容词的概念，并对心理动词和心理形容词进行了区分。

孔若兰（2013）在《现代汉语情感形容词研究》一文中探讨了汉语情感形容词的命名及其由来，并提出了情感形容词具有弱及物性、可感性、有因性等语义特征；其次，提出了情感形容词的语义鉴别框架，并探究了隐喻用法对情感形容词鉴别的影响。

11.1.2　“心理状态场”汉字在 HSK 词汇等级大纲中的分布

前面说到，心理状态场汉字多为不成词语素，多与其他语素组合成词。因此，HSK 词汇等级大纲中有关心理状态的词数量较多。

一级：喜欢。

二级：欢迎、快乐。

三级：习惯、害怕。

四级：愉快、烦恼、麻烦、道歉、抱歉、恐怕、害羞、吃惊。

五级：悲观、俱乐部、乐观、娱乐、发愁、不耐烦、愤怒、不安、慌张、急忙、恋爱、恐怖、可怕、哪怕、欣赏、犹豫、惭愧、匆忙。

六级：悲哀、悲惨、欢乐、联欢、喜闻乐见、喜悦、安居乐业、乐趣、乐意、天伦之乐、知足常乐、安宁、安详、安置、公安局、治安、慌忙、当务之急、惯例、留恋、争先恐后、恐吓、恐惧、欣慰、欣欣向荣、喜悦、沉闷、纳闷儿、恼火、不愧、羞耻、警惕、震惊、惊动、惊奇、惊讶、无忧无虑、忧郁、后顾之忧、感慨、慷慨、尴尬、迷惑、疑惑、诱惑、诧异、畏惧。

有关心理状态的词随着学习的深入会越来越多，高级阶段还会出现含有心理状态场汉字的惯用语。

11.1.3　“心理状态场”在 HSK 中的考查点

心理状态场汉字在 HSK 中出现频率较高，大多属于基础知识。

1）听力题：

（1）判断。

① 听力材料：现在我很讨厌看电视，因为广告太多了，不管什么时间，

也不管什么节目，只要你打开电视，总能看到那么多的广告，很浪费时间。

判断：他喜欢看电视广告。 （×）

② 听力材料：你好，我想理个发，稍微短一点儿就可以。一会儿我还有些事情要办，所以麻烦你快一点儿。

判断：他在理发店。 （√）

（2）选择。

① 听力材料：

男：我忘记电脑密码了，怎么办啊？

女：别着急，我有一个好主意。

男：什么办法，快说！

女：重新买个电脑不就行了？

男：我都急死了，你不帮忙，还跟我开玩笑！

问：男的怎么了？（B）

A. 电脑坏了　　B. 电脑密码忘了　　C. 想买个电脑

② 听力材料：

男：你怎么这么高兴？

女：朋友送了我两张今晚演唱会的门票，这个演唱会我期待很久了！

问：女的是什么语气？（C）

A. 愤怒　　B. 着急　　C. 愉快

③ 听力材料：

男：肚子饿了吧？附近有一个吃海鲜的地方，很有名，我们去那儿吃吧？

女：抱歉，我对海鲜过敏，我们换一个地方吧。

问：关于女的，可以知道什么？（B）

A. 喜欢吃海鲜　　B. 对海鲜过敏　　C. 不想跟男的吃饭

在听力题中，对于“心理状态”场中相关词汇的考查多是以情境考查的方式出现，学生在学习的时候要注重这些词汇之间的对比。例如题②，“愤怒”和“着急”之间的对比；“愉快”应该用在什么情境中来表达说话人的心情。这些都是学生做对题的关键。

2）阅读题：

（1）排序。

A. 所以你喜欢哪种颜色

B. 因为不同的颜色表示不同的性格

C. 就说明你是哪种性格的人

答案：BAC

（2）选择。

① 然而这家公司突然因为某些原因破产了，这位青年变得很悲观，认为自己是世界上最不幸、最<u>D</u>的人。

A. 善良　　B. 谨慎　　C. 糟糕　　D. 倒霉

② 她很活泼，说话很有趣，总能给我们带来快乐，我们都很喜欢和她在一起。

问：她是个什么样的人？（A）

A. 幽默　　B. 马虎

C. 骄傲　　D. 害羞

③ 用茶量的多少与消费者的习惯有密切关系。在中国西北部的一些少数民族地区，人们喜欢喝浓茶，并在茶中加糖、奶或者盐，每次茶叶用量也比较多。华北和东北广大地区的人们喜欢喝花茶，通常用较大的茶壶泡茶，但茶叶用量比较少。

选择：

A. 花茶在南方更受欢迎　　B. 用茶量取决于茶的质量

C. 一些少数民族喜欢喝浓茶　　D. 茶中加糖、奶或者盐不好

在阅读题中，对于“心理状态”场中相关词汇的考查难度适中。学生更多的是要把所学的基础知识放在情境中去理解。

3）书写题：

（1）排序。

音乐　喜欢　很　他　听

答案：他很喜欢听音乐。

（2）写作。

请结合下列词语（要全部使用），写一篇 80 字左右的短文。

困难、坚持、乐观、缓解、偶然

11.1.4 教学思路

1）分级教学，突出重点

心理状态场中的汉字数量不多，但是难度等级参差不齐。所以在教学中要针对其难度等级进行分类，先易后难。此外，既要有所侧重，也要统筹兼顾。像“悲”“喜”“乐”等汉语日常交际中使用频率较高的字是学生必须要掌握的，而像“说（yuè）”这样现代汉语中不常用或不用的字可以不做明确要求。

2）注重联系，连字成词

通过观察不难发现，心理状态场中的汉字大部分相互之间是有一定的联系的，比如“欢”“乐”“喜”“愉”等字语义相近；有的甚至可以组合成词，如：“恐怕”“喜欢”“愤怒”“急匆匆”等。教学时要注重联系，注重字与字之间组合成词的规律。

3）创设情景，联系生活

心理状态场汉字表示不同的心理状态，学习者可以在感受这种心理状态的基础上对汉字进行学习，所以老师可以创设一些贴近现实的情景，比如，上课要迟到了，你会感到“焦急”“着急”等；考试考得很好，你会感觉“愉快”“欢喜”等；别人骗了你的钱，你会感觉很“愤怒”“生气”等。也可以发散学生的思维，进行创造性的游戏教学，引导学生联想生活中某种情景下的心理状态是怎样的，或者根据心理状态词联想生活中哪些情况下会有这样的心理状态。

4）近义辨析，求同存异

心理状态场中有些汉字是意义相近的，含心理状态场汉字的词中也有一些近义词。所以，在分场教学中，学习者掌握一定数量心理状态场的字和词后，对意义相近的字词进行区分，明确它们之间的异同是很有必要的。比如，“悲哀”和“悲惨”，相同的意义是“悲”，但是“悲惨”强调“处境或境遇极其痛苦”让人伤心，而“悲哀”则只表示伤心或让人伤心。在教学中一定要化抽象为具体，给出典型的例句，达到以小见大的目的。如：悲惨的生活让我感到悲哀。

11.2 “心理活动场”概况

分场结果显示“心理活动场”中一共有 57 个汉字，其中，初级有 37 个汉字，分别是“虑、思、感、觉、猜、度（duó）、估、料、想、求、念、忆、记、识（zhì）、忘、懂、解（xiè）、了、认、识（shí）、悟、悉、知、爱、好、恨、厌、敬、慕、羡、任、信、可、怜、谅、悔、省”；中级汉字有 11 个，包括“盼、贪、惦、怀、恶、嫉、妒、疑、忍、惜、恤”；高级汉字共有 9 个，分别是“拟、悼、茫、宠、嗜、忌、惋、睬、忏”。从汉字出现的频率来看，初级汉字整体出现的频率最高，其中“了”出现的频率最高，达到53 364次，这表明“心理活动”场中的字在汉语表达中占有极其重要的地位。从汉字的偏误率来看，“感、宠、恤、虑、盼”的偏误率较高，这其中“感”的偏误率最高。“拟”的偏误率为0，这是由于“拟”属于高级汉字，留学生在使用时有意识地进行回避。在“心理活动”场中的汉字大部分是不成词语素，这就决定了它们在HSK大纲词汇中主要是以和别的语素结合的方式出现，而不是单独出现。“心理活动”场中的某些汉字在HSK大纲词汇表中并没有体现，如：解（xiè）、嗜、悼、惋、忏。

11.2.1 “心理活动场”相关研究

目前，在汉语本体研究界中，对于“心理活动场”的研究主要集中在心理动词上。心理动词的争议主要在于其范围的划分以及分类上。由于分类标准不统一，学者们对于心理动词分类的看法也不一样。在对外汉语教学界中，大部分人的研究是从二语者的习得与偏误着手，分析心理动作动词。具体研究成果列述如下：

孙璇（2014）主要探讨了现代汉语中心理动词的界定、分类、语法特征和它们在对外汉语教材中的分布和应用状况。

李晴（2016）研究了心理动词的典型搭配以及分析了留学生使用心理动词出现的偏误情况。通过对心理动词搭配的研究，她提出了对心理动词搭配在对外汉语教学中的运用提出了思路和建议。

文雅丽（2007）以心理学为研究的基点，从三个心理过程，即认识过程、情感过程和意志过程的角度出发，结合动词的语义特征、语法功能等特点来设定判断心理动词的功能框架。通过这些功能框架，界定出了765个心理动词。她将心理动词分为了心理活动动词、心理状态动词和心理使役动词，并从各自的语义、语法两方面对这三类心理动词进行了专门的系统研究。

11.2.2 “心理活动场”汉字在HSK词汇等级大纲中的分布

“心理活动场”中汉字在HSK词汇等级大纲中分布如下：

一级：想、认识、爱。

二级：觉得、懂、知道。

三级：记得、忘记、了解、认真、相信。

四级：感觉、猜、估计、感动、回忆、熟悉、讨厌、羡慕、信任、可惜、原谅、后悔、怀疑、怀疑、考虑。

五级：思考、思想、自觉、感受、感激、感想、想念、感谢、想象、念、怀念、幻想、纪念、确认、承认、否认、恍然大悟、爱护、爱惜、敬爱、热爱、疼爱、恨、好奇、尊敬、盼望、关怀、珍惜、忍不住。

六级：顾虑、沉思、反思、构思、评估、发觉、反感、感慨、不料、觉醒、空想、联想、留念、记性、辨认、见多识广、觉悟、领悟、据悉、爱不释手、爱戴、恨不得、悔恨、崇敬、恭敬、可行、谅解、惦记、嫉妒、迟疑、拟、茫然、理睬。

一些词汇与“心理活动场”并没有直接的关系。主要有：

二级：意思、可能、可以。

三级：感冒、认为、爱好、可爱。

四级：材料、塑料袋、饮料、原料、感情、理想、记者、日记、笔记本、知识、通知、知识、爱情、责任、任何、任务、信心、信用卡、可怜、可是、省、可惜。

五级：不好意思、资料、概念、观念、思想、记忆、登记、记录、记忆、常识、爱心、恋爱、亲爱、班主任、担任、短信、明信片、信封、信号、信息、自信、见、可靠、可怕、宁可、节省、省略、疑问、宠物。

六级：不可思议、敏感、感染、灵感、调料、梦想、标记、传记、惦记、记载、备忘录、公认、好客、敬礼、迷信、确信、不可思议、可观、可口、可笑、难能可贵、怀孕、残忍、不惜、茫茫、忌讳。

可见与“心理活动场”相关的词语大部分都是中高级的词语。

11.2.3 “心理活动场”在 HSK 中的考查点

1）听力题：

一级：

（1）xiàwǔ wǒ qù shāngdiàn, xiǎng mǎi shuǐguǒ.

下午 我 去 商店， 想 买 水果。

问：tā xiǎng qù nǎlǐ?

她 想 去 哪里？

Shāngdiàn xuéxiào

A. 商 店 B. 学 校

答案（A）

（2）您好，我想买杯子。

问：他想买什么？（C）

chá	píngguǒ	bēizi
A. 茶	B. 苹 果	C. 杯 子

在初级听力题中，对于“心理活动场”中相关词汇的考查主要在于词汇的基本意义。

五级：

（3）女：我以前也看过京剧，但说实话，我听不懂。

男：别担心，现在的京剧都配有字幕，再去体验一回吧。

问：男的什么意思？（A）（选自试题编号：H51004 HSK5 级第四套真题）

A. 去看京剧吧　　B. 看不懂字幕

C. 演员很出色　　D. 京剧很时髦

在高级听力题中，对于“心理活动场”相关动词的考查并不局限于词汇的基本意义，多数情况下，这类词汇会放在语境中。这种考查形式更注重对能力的考查。

2）阅读题：

三级：

（1）题干：孩子在学会说话以前，就已经懂得了哭和笑，他们借这样的办法来告诉别人自己饿了，生气了，不舒服或者很高兴，很满意。慢慢大一点以后，他们就开始用一些简单的词语来表达自己的意思了。（选自 HSK 三级真题四）

孩子笑可能表示（A）。

A. 很高兴　　B. 不好吃　　C. 不想玩儿

（2）你手上拿着一件东西不放时，你只有这一件东西，如果愿意放开，你就有机会选择其他的。

放开手上的东西，可以知道什么？（B）

A. 更了解他　　B. 有更多的选择　　C. 更相信自己

四级：

（3）看完这部电影，许多观众都（B）得哭了。

A. 实在　　B. 感动　　C. 感情

D. 坚持　　E. 基础　　F. 获得

（4）排序题：ACB

A. 说话不能太直接，否则即使你说得对

B. 相反，还会让人觉得你不礼貌

C. 别人也不一定愿意接受你的意见

在中级阅读题中，“心理活动”场中相关词汇的考查主要是把词汇意义放在情境中考查，这里的词汇意义是最基本的词义。

五级：

（5）周红没有生气，而是对女儿大加________：“这么难的题目，你竟然也能做对？我小时候可是一道都做不出来啊！”

A. 轻视　　B. 确认　　C. 称赞　　D. 询问

六级：

（6）是不是有人不做梦呢？绝大部分科学家______所有人都会做梦。如果有人认为自己没有做梦或者很少做梦，那是因为他们醒来后将梦中的_____全部忘记了。有研究表明，无梦睡眠不仅______不好，而且还是大脑受到______或有病的一种征兆。

A. 相信　情形　质量　损害

B. 理解　情况　效率　危害

C. 确定　情节　效果　迫害

D. 反映　情景　品质　伤害

（7）徐悲鸿刚到北平市时，便经常去琉璃厂的字画店里搜集古今的优秀字画。遇上他所喜爱的，就会情不自禁地说“这是一张好画”“这是难得精品”等等，直说得站在旁边的画商眉开眼笑，①__C__，现在也向徐悲鸿提出了高价。而徐悲鸿一旦看中，②__E__。有时为了买画，因为家中钱不够，他就再添上自己的画。

妻子经常埋怨他说：“你何必在画商面前表现出你的喜爱呢？你就不会冷静一些吗？③__D__，结果你原本可以少出一些钱就能买到画，也被人家要了高价。”

徐悲鸿温和地点头笑了，④__A__。但是，下一次再遇到画商送来好画时，他还是情不自禁地赞不绝口。

徐悲鸿终生不知疲倦地收集中国古代传统绘画，对其进行研究、整理和保护。一幅好画突然出现在他面前时，他激动，他兴奋，他赞赏。假如，⑤__B__，他就不是画家徐悲鸿了。

请在横杠在填写正确答案。

A. 承认这话很有道理。

B. 他对一幅真正的好画装出无动于衷的样子

C. 本来没有打算要高价的

D. 你总是让人家看出来你非买不可

E. 便不再计较价钱

在高级阅读题中，对于“心理活动场”中相关词汇的考查主要是近义词之间的辨析。这种辨析一般也会结合情境考查，对学生的分析能力和基础知识的检验都有一定的体现。

11.2.4 教学思路

“心理活动场”汉字教学要注意以下几点：

1）重难点突出

“心理活动场”中的汉字大部分集中在中高级阶段上，但是有一些字以及由它延伸出的词汇在生活中很常见，如后悔、忘记等等，而有些汉字，像“嗜、忏”则是在书面语中更常见，所以分类教学很重要。老师在进行词汇讲解时，一定要做到重难点突出，急用先学。

2）归纳常见搭配

对于HSK大纲词汇中出现的心理活动词，教师一定要关注它们的典型搭配，在教学中要对这些典型搭配加以强化。例如，“想”可以搭配“主意、日常琐事”。“考虑”要搭配“现实情况、工作方案、各种因素、条件、未来”。“以为”既可以搭配正确的观点又可以搭配错误的观点，在表达正确的观点时，主观性很强，多搭配有不确定性的个人意见。“认为”一般搭配的是理性的结论性的，较正式的判断和观点。

3）巧妙选择词义辨析的角度

语义相近的动词的混用是“心理活动场”偏误的高发区，不管是以易代难还是双音节词混用，都是由于对“心理活动场”中近义词没有掌握的缘故。因此，巧妙选择词义辨析的角度很重要。我们可以从词义的轻重、侧重面、范围、运用的场合以及句法功能这5个方面进行辨析。例如，在区分“想”“认为”和“以为”时，我们可以从句法功能着手。“想”做“认为”使用的时候，是不能具有否定式的。而“以为”可以用于前后矛盾或意义对立的两个分句中，但“认为”不能；“认为”能用于被动句中，但“以为”不能。再如，区分“了解”和“懂”时，从词义的侧重面出发会更好。“理解”的释义为“懂、了解”；“了解”是“知道得很清楚”，更兼有“打听、调查”的含义，所以，“理解”是侧重明白、领会的层面，比“了解”在认识的程度上更深一些。

第十二章 “现象与状态场”对外汉字教学研究

“现象与状态场”共有250个汉字，初级的有129个，中级有72个，高级的有49个。场内汉字绝大部分为动词，也包括部分形容词和副词。场内汉字中“烧”“凝”“霉”“殖”“嘿”“憃”“诈”“裂”“磕”“沾”“叉”等汉字偏误率较高。根据对外汉语教学分场字库可以将“现象与状态场”分为“自然现象、生理现象、表情、物体状态、事态、境遇、始末、变化”8个教学场，本章重点对生理现象和表情两个场进行研究。

12.1 “生理现象场”概况

根据分场结果显示，“生理现象场”中共包含46个汉字。多为动词和形容词，其中初级汉字23个，分别是“产、长、生、活、死、在、觉、醒、饿、渴、醉、拆、蹲、疼、痛、咳、嗽、吐、落、聪、结、零、秀”；中级汉字13个，分别是“诞、殖、滋、眠、膀、痒、肿、呕、晕、疯、盲、瞎、哑”；高级汉字10个，分别是“毙、馋、溺、孕、疚、瘫、狂、聋、瘸、枯”。首先，我们从汉字的出现频率来看，与其他场情况差别不大，初级汉字的出现频率远高于中高级。比较明显的就是初级汉字“生”和“在”，出现频率分别是13 707和24 476。出现频率较低的有高级汉字“馋”和中级汉字“呕”等。另外，我们再从汉字偏误率来看场中汉字的情况，偏误率较高的有中级汉字“哑”和“殖”，偏误率分别是0.3243和0.4286；初级汉字“嗽”，值为0.3182；高级汉字“馋”和“瘸”，偏误率是0.5和0.3333。整体上来说，“生理现象场”中汉字的偏误率是较高的。

12.1.1 “生理现象场”汉字在HSK词汇等级大纲中的分布

“生理现象场”汉字在HSK词汇等级大纲中的分布如下：

一级：先生、学生、医生、现在、睡觉。

二级：生病、生日、正在、觉得。

三级：校长、生气、聪明、结婚、结束。

四级：增长、出生、发生、生活、生命、研究生、活动、活泼、实在、感觉、提醒、咳嗽、优秀、总结、结果。

五级：财产、产品、产生、破产、生产、成长、花生、陌生、人生、卫生间、干活儿、活跃、灵活、存在、自觉、疼爱、痛苦、痛快、落后、结构、结合、结论、结实、零件、零钱、零食、翅膀、肩膀、疯狂。

六级：产业、拔苗助长、长辈、董事长、诞生、复活、活该、活力、快活、内在、发觉、觉悟、觉醒、清醒、饥饿、渴望、麻醉、呕吐、堕落、角落、落成、落实、巴结、冻结、勾结、结晶、结局、结算、零星、诞辰、繁殖、盲目、聋哑、馋、怀孕、猖狂、瘸、枯竭、枯燥。

在上述词语中，有一些词语虽然包括“生理现象场”中的汉字，但是意义已经发生了变化，与本场汉字的意思相去甚远或者完全没有联系了。这样的词语有：先生、学生、医生、现在、校长、生活、研究生、活动、实在、优秀、财产、破产、花生、陌生、卫生间、干活儿、零件、零钱、零食、长辈、董事长、内在、零星等。我们可以发现：“生”和“零”的变化比较大，相关词语也比较多。

12.1.2　“生理现象场”相关研究

对于“生理现象场”的研究，比较明显的一部分就是关于生理现象的委婉表达。

魏在江（2001）和汪成慧两位学者是从中外对比的角度，分析了生理现象的委婉表达。前者是英汉对比，后者是俄汉对比。

魏在江在《英汉生理现象委婉语对比分析》中说：“英汉两种语言都有大量的委婉语，它们既有同但更有异。此篇文章对几种主要的‘生理现象’的委婉语的表达形式、文化内涵等进行对比分析，以加深对这一问题的认识。”比如“人疯了”一般会说“他是一个精神病人”；对年老的人一般说“高寿”等等。

汪成慧（2003）在《俄汉语言中表“生理现象”的委婉语》一文中也提到了上述观点：“俄汉两种语言都有大量的委婉语，它们既有同，更有异。文章对俄汉语言中几种主要表‘生理现象’的委婉语的表达形式、文化内涵进行了对比分析。加深对这一问题的认识和理解，将有助于跨文化交际和俄汉语言教学。”文中分疾病、分泌、排泄、性爱、衰老和死亡六个方面进行详细的阐述。

另外，还有学者从本体进行研究，从民俗方面针对女性的生理现象的委婉语进行一定的探析。比如蒋语萱的《民俗文化影响下的女性生理现象委婉语探析》一文中提道："委婉语既是一种语言现象，也是一种文化现象。从民俗文化学角度看，它属于民俗禁忌的一种。在社会风俗的影响下，女性独特的生理现象一直被作为一种文化隐讳，由此产生的生理委婉语不断流变，折射出了不同的时代内涵。"

12.1.3 "生理现象场"在 HSK 中的考查点

对"生理现象场"中词语的考查，主要集中在与生活密切相关的活动，比如"结婚、睡觉、肚子饿、肚子疼"等。另外就是考查对相关词语意思的理解，进而提高答题能力。

1）听力题：

（1）很多妻子都希望自己的丈夫能记住他们结婚的日子，并且能在每年的这一天收到他送的礼物。

判断：妻子想和丈夫离婚，因为他总是不给自己买礼物。（×）

（2）春天天气忽冷忽热，容易感冒，医生提醒人们要注意室内空气质量，早上起床后应该打开窗户换换空气。如果感冒了，就容易引起咳嗽、流鼻涕等症状，这时候要及时去医院。

判断：春天容易感冒，并引起咳嗽。（√）

（3）女：都九点了，你怎么还在睡懒觉？快起床吧。

男：昨晚看网球比赛看到两点半，这不周六吗，平时哪能睡到九点？

问：根据对话，可以知道什么？

答案：男的睡觉睡到上午九点。

（4）昨天妈妈出差回来以后就生病了，在家里睡觉，没去工作。

问：昨天妈妈怎么了？

答案：生病了。

这道题中的干扰词有"出差""睡觉"和"工作"，在原文中都提到了，但是问的是"怎么了？"，所以这一点需要注意。

（5）女：你的失眠好些了吗？

男：还是睡不好，今天打算去看看中医，买些中药试试。

问：关于男的，可以知道什么？

答案：男的失眠了。

（6）男：肚子该饿了吧？附近有一个吃海鲜的地方，很有名，要不我们去那儿吃？

女：抱歉，我对海鲜过敏，一吃海鲜我就浑身痒，我们换一个地方吧。

问：关于女的，可以知道什么？

答案：女的对海鲜过敏，一吃海鲜就浑身痒。

（7）男：最近一段时间，脖子疼得很厉害。

女：长时间一个姿势坐在电脑前，脖子肯定会疼的。你应该去锻炼身体！

男：我还不到三十岁，等三十岁以后再锻炼吧。

女：要珍惜健康，等身体出了问题，就后悔也来不及了。

问：男的最近怎么了？

答案：男的最近脖子疼。

2）阅读题：

（1）做完手术，刘大夫的手都肿了，________他心里是高兴的。

A. 却　　B. 就　　C. 可　　D. 所以

这道题虽然是直接考查表转折的连词，但是也是需要在理解“肿”的含义下，才可以做对的。所以也是间接考查了生理活动场中的知识。

（2）这是个不幸的老人。前几年，老伴因病故去。在女儿、女婿和外孙女身上，老人感到了生活的希望和乐趣。如今，爱女又在意外的车祸中被夺去了生命。

问：老人的老伴和女儿怎么了？

答案：去世了。

“被夺去了生命”就是在委婉地表达“死/去世”的概念，因为这是一件悲伤的事情，所以在表达时需要注意委婉的表达，留学生必须要能听懂这些委婉的表达。

（3）人就像一台机器，从出生第一天，人体内的很多部位就不停地工作着，如肺在呼吸，心脏在跳动，细胞在繁殖等。科学家搞过一项有意思的实验，证明一个人在不吃、不喝、不动、不想的静止状态下，一天也要消耗 1 400～1 800 千卡的能量。

每个成年人都要从事各种不同的劳动，担负重体力劳动的人一天要消耗 4 000～6 000 千卡能量；担负轻体力劳动一天要消耗 2 500 千卡能量。

脑力劳动给人的感觉似乎很省力，其实不然，思维活动消耗的能量极大。有人做过测算，运动员下一盘棋和参加一次中长跑付出的能量相当。

问：这段文字主要是谈什么问题？（B）

A. 人体细胞的繁殖　　　　B. 生命运动消耗的能量
C. 人体各部位运动的形式　　D. 体育运动与能量的关系

（4）一天下午，一位大妈来找我看病，说她经常肚子疼。①我从来没看过病，②红着脸结结巴巴地告诉大妈，现在学的是基础课，还没有临床③。她听了我说的话，露出④的神情，摇摇头走了。

① A. 只　　B. 都　　C. 就　　D. 可
② A. 只要　　B. 只好　　C. 只管　　D. 只是
③ A. 经验　　B. 能力　　C. 才能　　D. 手术
④ A. 高兴　　B. 失望　　C. 希望　　D. 失败

在这种阅读题中，对生理现象场中词语的考查就不再是简单的考查搭配或者意义了，就需要考生有一定的推理能力或者说总结能力。比如上面的第（3）题中：通过“肺在呼吸，心脏在跳动，细胞在繁殖”等，再根据选项的提示，可以推断出是在讲关于生命的事情。这样才可以在考试中取得不错的成绩。

12.1.4　教学思路

1）形象教学

在生理现象场教学中，通过形象的教学可以加强学习者对汉字意义的理解。大部分生理反应是可以通过动作或肢体语言表示的，所以教师在教学中可以采用表演法、图示法或 FLASH 动画等方式，促进学习者的字义理解；也可以采用演示法、情景法等对汉字进行复习和操练。

2）利用形声字优势

生理现象场中有很多形声字，在教学实践中可以借助形声字的声旁和形旁加强对字的理解和记忆，比如“聋”“眠”“枯”“呕”“吐”。

3）注重联系

生理现象场应该和全身场进行联系，如：“聪”和“聋”与“耳”有关；“眠”“盲”“瞎”与“目”“眼”有关；“渴”和“口”有关；等等。

12.2　“表情场”概况

分场结果显示，“表情场”中一共有 16 个汉字，其中多数是动词，有四个形容词。包括初级汉字 4 个，“笑、哭、嘿、累”；中级汉字 6 个，“楞、默、吁、倦、疲、喘”；高级汉字 3 个，“泣、惫、诈”。可以看到表情场中的汉字等级分布整体上比较均匀，但是中级汉字分布最多。我们从统计结果中的出现频率来看，初级汉字出现频率最多，远高于中高级汉字，尤其是“笑”“哭”还有“累”，出现频率均在 600 以上，“笑”字的出现频率达到了 1 426 之高。再看汉字偏误率，高级汉字的偏误率远高于初中级，尤其是高级汉字“惫”和“诈”，偏误率分别是 0.285 7 和 0.281 3，而其他汉字的偏误率基本都在 0.1 左右。

12.2.1 “表情场”汉字在 HSK 词汇等级大纲中的分布

HSK 一级中没有涉及表情场中汉字的常用词语。

二级：笑、累。

三级：哭。

四级：开玩笑、笑话、幽默。

五级：微笑、沉默、疲劳。

六级：嘲笑、讥笑、可笑、嘿、默默、潜移默化、呼吁、疲倦、疲惫、喘气。

12.2.2 “表情场”相关研究

李淑康和李克（2007）的《小议面部表情及其对外语教学的启示》一文中主张：面部表情是一种常见的非言语交际手段。本篇文章通过探讨面部表情的概念、功能和跨文化理解，比较其与手势语之间的区别，进而揭示其对外语教学的意义。文中还解释了面部表情的跨文化理解，其中最重要的是，两位学者表明了面部表情对外语教学的启示：课堂上的非语言交际在学生学习中的作用往往比正规教学本身的作用还要大。他们还主张：有效的教学需要有效的交际。

张莉（2006）在《身势语的性别差异》一文中提道：人际间的交流分为言语交际和非言语交际，研究身势语是研究非言语交际活动的一个重要方面。身势语存在着性别差异，正确理解性别差异，才能很好地进行人际交往。文章关注的是不同性别之间的身势语的差异，从身体姿势、空间语、面部表情、微笑、眼部表情和触摸六方面来陈述，并分析其原因。人的面部表情与人的情感活动密不可分，人的基本情感如喜、怒、哀、乐等都可以通过人的面部表情反映出来。眼部表情也是一样，研究表明：在向人的头脑传达的信息中，

87%是通过眼睛。所以，我们可以看出，虽然表情场中的汉字数量少，但是作用是不可小觑的。

12.2.3 “表情场”在 HSK 中的考查点

1）听力题：

（1）大卫最近在练跆拳道，可是就在今天早上，他的教练给他发短信说，今天不能训练了，他最近太劳累了，身体不舒服，需要休息。

问：大卫的教练怎么了？（A）

A. 太疲劳　B. 胳膊受伤了　C. 教练生病了　D. 要去医院挂号

这道题中考查了“疲劳”和“劳累”这两个近义词，干扰性较强的就是“生病了”，因为后面有“身体不舒服”，如果留学生掌握了这两个近义词，知道是表达一样的意思的话，那么要答对这道题就很轻松了。

（2）男：我真有点儿爬不动了，太累了，这段路到底有多少台阶？

判断：男的爬台阶爬得很快。（×）

（3）女：糟糕！这可怎么办啊？

男：怎么了，你怎么哭了？

女：我的报告都快写完了，电脑突然死机了。

男：别着急，先开机看看，电脑一般都会有自动保存的功能。

问：从对话中我们可以知道女的怎么了？（D）

A. 电脑丢了　　B. 文件没保存

C. 报告没写完　　D. 电脑死机了

（4）女：你等等，我觉得咱们走错了，看看地图吧？

男：都上高速公路了，看地图也没用了，你不认识路啊？

女：你别笑话我，你不是也不知道？

男：真糊涂，咱们先找出口出去吧。

问：男的为什么笑话女的？（A）

A. 女的不会看地图　　B. 女的不认识路

C. 女的不知道地图在哪儿　　D. 女的找不到出口

这道题中的“笑话”就是动词用法，是“开玩笑地看不起某人”的意思。

（5）哭不一定表示难过，有的人难受的时候会哭，有的人高兴的时候也会哭。

判断：高兴的时候不会哭。（×）

2）阅读题：

（1）真诚的微笑透出的是宽容，是善意，是温柔，是爱意，更是自信和力量。微笑是一个了不起的表情，无论是你的客户，还是你的朋友，甚或是陌生人，只要看到你的微笑，都不会拒绝你。

有一位老太太退休后开了一家心理咨询所，生意非常红火，预约的号甚至排到了几个月以后。有人问她，如此受欢迎的原因是什么。老太太说，其实很简单，她的主要工作就是让每一位上门的咨询者经常学习一门功课：寻找微笑的理由。比如，在你下班的时候，爱人给你倒了一杯水；下雨的时候，你收到家人发来的让你注意安全的信息；在电梯门将要关上时，有人按住按钮等你赶到；清洁工在离你几步远的地方停下扫帚，而没有让你奔跑着躲避灰尘……诸如此类的生活细节，都可以作为微笑的理由，因为这是生活送给你的礼物。

那些按老太太的要求去做的人发现，几乎每天都能轻而易举地找到十来个微笑的理由。时间长了，夫妻间的感情开始慢慢好转；与上司或同事的紧张关系趋向缓和；日子过得不开心的人也会期待明天新的太阳。总之，他们付出的微笑，都有了意想不到的收获。美丽的笑容，犹如初开的桃花，给人甜美的感觉。如果能恰当地运用微笑，就可以传递情感，沟通心灵，甚至战胜对手。

问：上文主要谈的是（C）。

A. 微笑需要练习　　B. 付出才会有收获

C. 微笑可以改变生活　　D. 帮助别人也是帮助自己

（2）她很活泼，说话很有趣，总能给我们带来快乐，我们都很喜欢和她在一起。

问：她是个什么样的人？（A）

A. 幽默　　B. 马虎　　C. 骄傲　　D. 害羞

本题考查的主要是“幽默”这个词语的意思，留学生能把“幽默”和“有趣”对应起来就可以了。

（3）有时候，哭并不一定是件坏事。哭可以让人从坏心情中走出来，是一种减轻压力的好办法。

问：有时候哭并不是坏事，是因为哭能（B）。

A. 感动别人　　B. 减轻压力　　C. 扩大范围　　D. 提高水平

3）写作题：

看图写句子。

（笑）

参考例句：小朋友笑得很开心。

12.2.4 教学思路

1）情景教学

表情场中汉字都与表情有关，不同的情境下人们的表情也会有所不同，所以在教学中可以运用情景法进行汉字教学以及复习演练。但要注意所创设的情景的典型性。

2）演示法

表情的意义不仅需要释义，更需要使用表演法或图示法等来更直观地展示。

3）补充日常生活中经常使用的词语

“傻笑、笑眯眯、哈哈大笑、笑场、哄堂大笑、痛哭流涕、哭哭啼啼、号啕大哭、劳累、愣住了、默不作声、默哀、默念、默读、长吁短叹、气喘、哮喘”等词语可以根据教学需要进行扩充。

第十三章 “助语场”对外汉字教学研究

“助语场”中共有139个汉字，其中初级94个，中级30个，高级15个。场内汉字的词性主要为副词、介词、助词、连词、叹词和拟声词。由于助语场汉字多为虚词，学生在使用中偏误较多。按照汉字教学分场字库可以将“助语”场分为“疏状、中介、联接、辅助、呼叹、拟声”8类，本章重点对辅助和疏状两个场进行研究。

分场结果显示“辅助场”中一共有22个汉字。初级有20个，分别是“得（de）、的（de）、底（de）、地（de）、家（jie）、价（jie）、之、啦（la）、哪（na）、呢（ne）、且（jū）、哇（wa）、吧（ba）、嘛、么（me）、否（fǒu）、乎、了（le）、吗（ma）、么（ma）”；中级只有两个，即“呵”和“罢”；没有高级的汉字。从语料库统计的频率来看，辅助场中“的、得、地、了”等汉字出现频率较高，其中“的”字出现频率最高，达121 347次，充分体现了辅助场汉字在日常汉语交际中的必要性。此外，“底（de）、家（jie）、价（jie）、哪（na）、且（jū）、乎、么（ma）”等字在现代汉语中使用频率较低。辅助场汉字是助语场中再化分出来的场，场内的汉字都作助词，包括语气助词、时态助词（动态助词）以及结构助词，一般不与其他语素组合，可单独成词。辅助场汉字不仅在汉语学习和考试中经常出现，在汉语日常交际中也很常用。

13.1 “辅助场”相关研究

目前对汉语“辅助场”教学的研究多集中在对单个助词或某类助词的单独研究以及多个助词之间的比较研究，针对助词辅助场汉字所进行的整体性研究较少。

刘叔新（1994）在《论现代汉语助词的划分》一文中对汉语助词划分的观点进行了讨论。

李顺群（1999）在《对外汉语口语教学中的语气助词》一文中整理出了有关语气界定的几个问题，对语气助词进行了统计和详细的分析。

于茜（2009）在《浅谈结构助词“的”的对外汉语教学》一文中从结构助词“的”出发，分析留学生汉语学习过程中的偏误，并从教学材料、教学方法和语境设置三个方面提出了一些教学意见。

马莹（2011）在《对外汉语教学中助词“了”的教材编写内容考察与建议》一文中，调查了留学生有关语气助词“了”的偏误句式，考察教材编写内容，并提出建议，包括调整教学顺序、深入讲解“了”在句中位置（可采用对比教学）、“了”的隐匿性、例句要注重针对性、适当增加练习内容等。

13.1.1 “辅助场”汉字在 HSK 词汇等级大纲中的分布

“辅助场”汉字都可以作助词，包括语态助词、时态助词和结构助词，因此都可以独立成词，也可以与其他汉字组合成词，前面已经列举了辅助场汉字，所以这里就不再列举辅助场汉字的单音节词，仅看其与其他汉字组合成词的情况。

一级：什么、怎么、怎么样。

二级：觉得、为什么。

三级：记得、几乎、多么。

四级：不得不、来得及、值得、否则。

五级：不得了、不见得、怪不得、舍不得、显得、似的、否定、否认、是否、似乎、总之。

六级：巴不得、不得已、不由得、恨不得、免得、难得、当务之急、后顾之忧、否决、合乎、罢工、反之。

13.1.2 “辅助场”在 HSK 中的考查点

“辅助场”汉字都为助词，所以在 HSK 中出现频率较高，但直接考查不多，一般会针对时态助词的侧面进行考查或考查学习者对与辅助场汉字相关的知识理解。

1）听力题：

“辅助场”汉字通常会出现在听力的选择题或判断题中，且水平越高，出现频率也越高。听力题型中很少有专门针对辅助场相关知识进行考查的，但在日常汉语会话与表达中，辅助场汉字的使用是必不可少的，学习者对辅助场相关知识的掌握情况也会影响学习者对听力材料的理解。

听力材料：

（1）女：你学习汉语多长时间了？

男：快一年了。

女：你说得很不错哇！

男：口语还可以，读写不好。

问：男的汉语怎么样？

（2）太棒了！他出院啦！医生说他很快就能像以前一样打篮球了。

问：他现在能打篮球了。 （×）

（3）女：王老师，你太厉害了！刚来这儿工作三年就当了教授，这次你一定得请客啊！

王老师现在是教授了。 （√）

（4）男：我上午发的那份传真你收到了吧？

女：没有啊！等等，我看一下，抱歉，没纸了，麻烦您再发一遍吧。

问：女的为什么没收到传真？ （B）

A. 男的没发　　B. 没纸了　　C. 传真机坏了

（5）女：小王，身体恢复得怎么样了？

男：好多了，医生说后天就可以出院了。

问：关于小王，可以知道什么？

A. 身体很健康　　B. 正在住院　　C. 要去医院

2）阅读题：

阅读题中很少对辅助场汉字进行针对性的考查，但是对辅助场汉字的掌握程度会影响学习者对完整语义的理解。

（1）男：喝茶吗？

女：不了，我想去（睡觉）了。（HSK1 选词填空）

（2）我觉得这家宾馆还不错，你说呢？

房间很干净，还能上网，那我们先住这儿吧。（HSK3 问答匹配）

（3）快点儿吧，再有一个小时就要考试了。

别担心，我坐出租车去，30 分钟就到学校了。（HSK3 问答匹配）

（4）喂？你在哪儿呢？你声音大一点儿好吗？我刚才没听清楚你在说什么。

问：那个人的声音很（A）。

A. 大　　B. 小　　C. 清楚（HSK3 选择）

（5）这本书我看完了。

这么快？有意思吗？（HSK2 问答匹配）

（6）火车快开了，你回去吧。

好的，再见，到了给我打个电话。（HSK2 问答匹配）

（7）拿着尺子上街，只量别人不量自己是行不通的。生活的多样性、复杂性要求我们必须接受不同的性格、不同的思想。所有这些不同的东西需要我们有一颗包容的心，而不是拿着自己的标准去要求别人。（A）（HSK5）

A. 要尊重个性

B. 人生充满挑战

C. 对自己要严格要求

D. 我们总会有相同的地方

（8）A. 讨论会开得顺利吗？

B. 顺利，大家（反映）了不少管理过程中出现的问题，对下一步工作很有帮助。（HSK4 选词填空）

（9）A. 是父母的鼓励给了她信心

B. 其实她小时候很普通

C. 让她后来终于成为一位优秀的演员（HSK4 排序）

答案：B A C

（10）怎样才能说一口流利的外语呢？如果你有一定的语言基础和经济条件，那么出国是最好的选择。因为语言环境对学习语言有重要的作用。（HSK4 选择）

问：去国外学习外语是因为（　　）。

A. 语言环境好　　　　B. 经济条件好

C. 有语言基础　　　　D. 学习更认真

3）书写题：

（1）发表　　这篇文章　　什么时候　　是　　的（HSK5）

答案：这篇文章是什么时候发表的？

（2）说服力　　的　　缺乏　　你　　理由（HSK5）

答案：你的理由缺乏说服力。

（3）这座桥　　800 年的　　历史　　有　　了（HSK4）

答案：这座桥有 800 年的历史了。

（4）写作中辅助场汉字出现的频率较高，偏误也较多，既有书写错误，也有语法偏误。这里只列举一些使用上的语法偏误：

① 我记____的（得）我爸爸也是这样的人。

② 你为什么不去吃饭____吗（呢）？

③ 早上我没吃饭____了（“了”多余）。

写作题型对辅助场汉字考查较多，因为相比其他题型，写作与表达中辅助场汉字的使用是不可回避的，而正确运用这些汉字对留学生来说是有一定难度的。比如“吗”“吧”“呢”的混淆，“的”“得”“地”的混用以及“了”的错用等等。

13.1.3 教学思路

“辅助场”汉字数量不多但是使用频率较高，必须要对其进行详细的讲解，使学生真正掌握，为日后的汉语学习与汉语交际打下良好的基础。

1）结合语法对比教学

在完成对某些场内易混用汉字的初步学习后，可以将这些汉字分类整合，进行阶段性的对比区分，尽量减少混淆，比如“的、地、得”和“着、了、过”等，必须要加以区分，明确它们之间不同的意义与用法。

2）分清重点

“辅助场”汉字既有很常用的汉字，比如“的、地、得、吗、呢、吧、了”等；也有日常汉语不常用的字，比如“底（de）、家（jie）、价（jie）、且（jū）”等。因此，在教学中，应着重对重点的、高频的汉字进行详细的讲解与操练，而那些不常用的汉字则不必过分要求。

3）分类教学

对场内汉字按照功能进行分类，可以分为语气助词（吗、吧、呢等）、动态助词（了、着、过等）和结构助词（的、得、地、之等），明确它们不同的意义和语法功能。分类进行复习和操练可以提高学习效率，巩固学习效果，事半功倍。

13.2 “疏状场”概况

分场结果显示“疏状场”中一共有63个汉字，初级有38个，分别是“很、尽（jǐn）、最、太、更（gèng）、稍（shāo）、彻、单（dān）、但、都（dōu）、概、仅（jǐn）、俱、只（zhǐ）、渐、聊、预、数（shuò）、曾（céng）、着（zhe）、将（jiāng）、竟、又、必、突、不、非、无、努、共、互、相（xiāng）、幸、仅（jìn）、仍、还（hái）、也、怎”；中级有14个，即“甚、勤（jǐn）、唯、频、甭、蔑、莫、亡（wú）、勿、擅、恰、宁（nìng）、尚、奈”；高级有“愈、皆、惟、霍、屡、恍、惚、岂、妄、酗、亦”11 个汉字。从语料库统计的频率来看，疏状场中“很、最、但、都、着、不、还、也”等汉字出现频率较高，“不”字出现频率最高，达 40 154 次，这充分体现了疏状场汉字在日常汉语交际中的重要作用。此外，随着汉语的发展，场内很多汉字在现代汉语中的使用频率降低，如“数（shuò）”“仅（jìn）”“勤（jǐn）”“亡（wú）”等字，在现代汉语中并不常见；还有一些字逐渐被新词取代。场内汉字偏误率较高，错字、别字、漏字、不规范字等偏误情况均有出现。疏状场的汉字基本上均为副词，可以在句中充当状语。

13.2.1 “疏状场”相关研究

有关对外汉语“疏状场”教学研究不多，集中表现在对副词的本体研究上，立足于词本位，针对汉语教学策略的研究较少，但这些研究成果或多或少对汉语教学有一定的启发意义。近年来，出现了一些创新性的观点。

张谊生（2000）在《论与汉语副词相关的虚化机制——兼论现代汉语副词的性质、分类与范围》一文中从四个不同的角度考察了汉语副词的虚化轨迹和形成诱因，探讨了与汉语副词相关的虚化机制；并且在此基础上，对现代汉语副词研究中的一些基本问题——副词的性质与分类、兼类与范围提出了相应的解释。

林华勇（2003）在《现代汉语副词研究回顾》一文中对 20 世纪我国现代汉语副词研究所走过的历程作了简要的回顾。回顾分为两个部分：研究方法的回顾；组合、聚合与个案研究的回顾。调查结果表明，组合与聚合相结合将是今后副词研究的一个热点。

肖奚强、钱如玉（2006）在《现代汉语副词研究综述》一文中主要从宏观和微观两方面对副词展开研究，宏观上主要讨论了副词的虚实归属、分类、范围等问题；微观上则对个别常用副词进行了单独研究和对比研究，并总结出了一些副词研究的方法。

岳强（2013）在《疏状限定关系在两种语言中的表达法对比分析——以俄英语为例》一文中运用从意义到形式的称名学方法，探究两种语言表达法之间的异同之处，以期加深对语法结构的理解和记忆，从而帮助两种语言的学习者更好地掌握语言的用法。

周韧（2015）在《现实性和非现实性范畴下的汉语副词研究》一文中创造性地提出了在汉语副词研究当中引入现实性和非现实性概念的观点。在汉语副词研究和语法研究中引入现实性和非现实性这对概念，对以往一些副词纷杂的分布有简单统一的解释，不仅能促进语法本体研究，也有利于对外汉语虚词教学。

13.2.2 “疏状场”汉字在 HSK 词汇等级大纲中的分布

“疏状场”汉字既可独立成词也可与其他汉字组合成词。其在 HSK 词汇等级大纲中分布如下：

一级：很、太、都、不、不客气、对不起、怎么、怎么样。

二级：最、但是、着、非常、公共汽车、还、也。

三级：最近、太阳、更、菜单、简单、只、又、必须、突然、努力、一共、相同、相信、还是。

四级：最好、最后、稍微、孤单、不但、大概、不仅、只要、只好、逐渐、聊天、无聊、随着、将来、竟然、究竟、不得不、不管、不仅、不过、差不多、来不及、受不了、无、无论、共同、互相、相反、幸福、仍然、也许、甚至。

五级：最初、太极拳、太太、更加、彻底、单纯、单调、单元、单位、单独、概括、概念、俱乐部、预报、预订、预防、曾经、接着、毕竟、必然、必需、必要、不必、何必、未必、突出、不安、不得了、不断、不好意思、不见得、不免、不耐烦、不然、不如、不足、不要紧、怪不得、看不起、了不起、忍不住、舍不得、说不定、要不、除非、非、无奈、无数、总共、相处、相当、相对、相关、相似、荣幸、幸亏、幸运、唯一、频道、宁可、时尚、无奈。

六级：贯彻、传单、床单、气概、本着、即将、将近、将军、必定、冲突、川流不息、从容不迫、大不了、得不偿失、供不应求、恨不得、刻不容缓、络绎不绝、迫不及待、锲而不舍、爱不释手、巴不得、不得已、不妨、不敢当、不顾、不禁、不堪、不可思议、不愧、不料、不时、不惜、不相上下、不像话、不屑一顾、不言而喻、不由得、不止、不择手段、层出不穷、非法、并非、毫无、共和国、共计、共鸣、互联网、频繁、频率、甭、蔑视、污蔑、莫名其妙、勿、恰当、恰到好处、恰巧、宁肯、宁愿、高尚、愈、皆、挥霍、屡次、恍然大悟、岂有此理、妄想、酗酒、亦。

通过观察上面列举的词汇不难发现，随着学习者汉语水平的提高，“疏状场”相关词也逐渐增多。其中大部分词与其本义有密切联系，但也有一些与其本义基本无关的词，如太阳、菜单、聊天、无聊、太极拳、太太、频道、时尚、传单、床单、将军、高尚等。

疏状场中的汉字较多，且有些汉字意义相同，如“俱”和“都”“亦”和“也”

“尚”和“还”“勿”和“莫”“仅（jìn）”和“只”等等。还有一些词虽然不含疏状场中的汉字，却有着与某些疏状汉字相同的意义，且在现代汉语中更常用。这样的词有：亡（wú）——没有，数（shuò）——屡次，仅（jìn）——接近；霍——快，等等。在教学中应注意区分。

13.2.3 疏状场在 HSK 中的考查点

“疏状场”汉字在 HSK 中出现频率较高，在各个题型中均有体现。疏状场中绝大多数汉字都为副词，而在语句中，状语对表达完整语义也是至关重要的，所以疏状场汉字在题目中会频繁出现。

1）听力题：

（1）判断正误。

听力材料：很高兴（√）

（2）选择图片。

① 听力材料：衣服都在椅子上（B）

A.  B.  C. 

“都”表明有不止一件衣服且衣服全部在椅子上。

② 听力材料：

（听对话选择相匹配的图片）

女：你喜欢什么运动？

男：我最喜欢足球。

③ 听力材料：她买了不少东西（ A ）

A.  B. 

④ 听力材料：

男：现在几点了？

女：还不到九点呢，我们早来了一个小时。

听对话选择正确答案

⑤ 听力材料：HSK2

女：咖啡给王先生送去了吗？

男：还没呢，这几天太忙，星期六再送吧。

问：男的送咖啡了吗？　（B）

A. 送了　　B. 没有

⑥ 听力材料：

这世上没有外婆不喜欢的人。她这一生跟酗酒的男人、忧郁的女人以及寂寞孤独的人们都做过朋友。外婆喜欢人们本真的样子。如果她知道一个人酗酒，她不会劝他戒酒，而会告诉他饮酒的人也可以很绅士。(C)

A. 不要劝别人戒酒　　B. 外婆讨厌酗酒的人

C. 外婆善于与人相处　　D. 孤独让外婆变得忧郁

疏状场在听力的各个等级中都会以较高的频率出现，在初级考试中，有很多题目会针对某个疏状场汉字进行考查；随着学习者汉语水平的提高，很少再对其进行专门的针对性考查，而是与其他知识点结合在一起进行综合性考查。

2）阅读题：

（1）句子匹配。

A——床上那件衣服是要洗的吗？

B——不是，我下午踢球还要穿呢。

A——名字都在这上面吗？怎么没看到我的？

B——我也不知道，这是小王写的，你问他吧。

（2）阅读理解。

① 我们的设计，比起动植物身体的巧妙构造来，<u>仍有许多望尘莫及之处</u>。

问：与画线句子意思最接近的是：（A）

A. 还相差很远　　B. 永远也赶不上

C. 包含了很多智慧　　D. 仍有许多不解之谜

③ 人们每天花在家庭中的时间越来越少，这已经成为一种普遍的社会现象。六成的都市白领每年只会有不到三次家庭聚会；七成以上的女性因为长期缺少陪伴而缺乏幸福感；近一半的人在忙碌过后，面对伴侣时感到无话可说。（C）

A. 都市白领更重视家庭　　B. 家庭聚会越来越频繁

C. 人们与家人相处的时间少了　　D. 大多数都市女性感到婚姻幸福

④ 少量饮酒也许可以帮助人入睡，但长期或大量饮酒却会造成失眠。酒给人带来的困倦感持续的时间很短，约 4 个小时后就会消失。这之后，饮酒者的呼吸会加快，反而会更兴奋，甚至难以入睡。因此，饮酒要适度。（B）

A. 饮酒越多越容易睡着　　B. 适当饮酒有助于睡眠

C. 失眠大都和饮酒有关　　D. 酒在人体内存留 4 小时

疏状场汉字在阅读题中出现频率很高，且大多是考查学习者关于这些汉字的知识储备情况，是作为基础知识进行考查的，只有在理解其意义的基础上才能理解文意。

3）书写题：

（1）排序。

排序题主要考查疏状场汉字或相关词汇在句中的位置。

① 她　用铅笔写字　不　喜欢

<u>她不喜欢用铅笔写字</u>

② 他　机会　很　把握　善于

<u>他很善于把握机会</u>

③ 这次机会　把　教授　竟然　放弃了

<u>教授竟然把这次机会放弃了</u>

（2）写作。

疏状场汉字在写作中是不可回避的，尤其像“不”“很”“也”“只”等比较基础的汉字，一旦缺失将导致语意不完整。所以学习者不仅要理解理解疏状场汉字的意义，还要学会如何运用，才能提高自己的汉语写作与表达能力。

13.2.4 教学思路

1）分级教学，有所侧重

疏状场汉字数量较多，且难度不一。在教学中要按照难度进行分类，先易后难，循序渐进；此外，有些汉字常用，而有些汉字使用频率较低，所以要有所侧重，高频词汇重点讲解，生僻字词可以只做简单了解。

2）情景教学，注重练习

随着汉语的发展，疏状场内字义词义已渐渐虚化，较为抽象，所以在教学中可以采用情景法，先引导说出简单句，再设计一定的情景，比如加上一些条件，这时为了表达完整语义，就需要在句中加上疏状场汉字或相关词语。比如通过“我坐公共汽车”与“我只好坐公共汽车”两个句子的对比，让学生掌握“只好”的用法。

3）注意辨析

该场的词语大部分是中高级水平，且包含相同语素的词语很多，因此在教学过程中学生很容易混淆。教师可以根据学生的水平和程度进行适度的辨析。如“必然”和“必需”“孤单”和“孤独”“不必”和“何必”等等。

第十四章　基于分场字库的对外汉字教学文化导入研究

通过文化导入进行对外汉字教学是对外汉语教学的一种重要手段和方法，本章在论述对外汉字文化导入重要性及前贤相关研究成果的基础上，着重从对外汉字分场的文化视角验证文化导入对对外汉字教学的作用。

14.1　对外汉字教学文化导入的必要性

14.1.1　文字与文化的关系决定了对外汉字教学离不开文化导入

文字与文化的关系历来都是语言研究的热点，何九盈、胡双宝、张猛、王宁、刘志基、曹先擢、苏新春等很多语言学家对此进行了深入研究。何九盈（2000）在《汉字文化学》中指出："文字既不是披在文化身上的外衣，也不是可以脱离文化体系的自在之物。文字是文化的产物，又服务于文化，促进文化的发展，它自身又是文化的一个部分。"作为世界上最古老的文字之一的汉字，不仅是记录汉语的书写符号，还是传承中华民族悠久的历史文化的重要载体。苏新春（1966）的《汉字文化引论》认为："汉字是汉民族文化的形成与体系中的一个重要有机成分。从它那象形指事的个体诞生，到会意形声的体系形成，从单体的表意性质，到整体的孳乳繁衍，无不蕴含着汉民族文化的基本精神。汉字既是记载汉民族文化的一种外在符号、标志，又是汉民族文化本身的一个非常重要的成分，它与整个汉民族文化休戚相关。"汉字既是传承文化的载体，又是文化的一部分，二者息息相关，是不能分离的。

文字与文化关系的建立，离不开其间的隐形纽带——语言。亚里士多德提出：文字是"语言符号之符号"。索绪尔指出："语言和文字是两种不同的符号系统，后者唯一存在的理由在于表现前者。"萨皮尔则认为："语言背后是有东西的，而语言不能脱离文化而存在。"莱昂斯也提出："语言与文化具有历史的联系，语言是打开文化宝库的钥匙，离开语言天然依赖的文化背景，难以充分理解语言本身。”由此可见，学习、研究一种语言的同时，应该辅以学习这种语言背后的文化，因为语言与文化不可分割。我国大多语言学家也赞同文字“只是记录语言的工具，是工具的工具”。语言作为文化的一部分，它不仅是一种文化现象，更是文化的载体。由此可见，语言是文字和文化关系的桥梁，文字记录了语言，语言又是文化信息的载体和容器，语言和文化又双双反作用于文字。它们之间的关系可以简单示意为图 14-1。

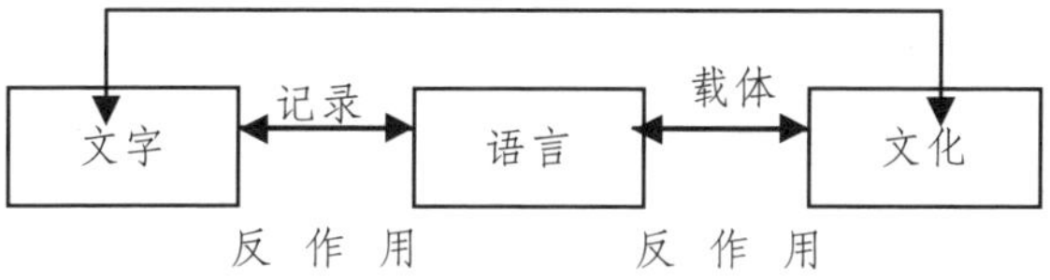

图 14-1　文字、语言、文化的关系

从上图不难理解，汉字与汉文化的关系决定了对外汉字教学无法完全独立于文化知识的传授，所以对外汉字教学必须要有文化观念。

14.1.2　汉字自身的特点需要对外汉字教学文化导入

苏培成（2001）指出：“汉字的基本单位是一个个单字，拼音文字的基本单位是一个个字母，而不是一个个的单词。汉字的单字是形音义的统一体，记录的是汉语的语素；英文的字母只有形和音，没有义，记录的是英语里的音素（音位）。”正因为这个特点，很多母语属于拼音文字的留学生，对掌握汉字尤其困难。另外，汉字以形声为主，大多都可以从六书上找到造字依据。如果从文化传承角度对汉字历史进行初步讲解，对汉字笔画多、字数多，难写、难记的问题会有一定帮助。

1）汉字的字形反映文化现象

王贵元（2008）在《汉字与历史文化》一书中认为汉字的字形构造反映了文化现象，研究汉字文化要侧重研究汉字个体字符结构和总体构形系统所携带的文化信息。

一个词义用怎样的字形来表示，从中反映着古代人的构想和设计。古人对汉字字形的构想和设计都是由古人的社会生活实践以及特定的历史背景得来的。可以说，古人在构想和设计汉字字形时，往往是在文化的支配之下选取事物的形状作为参照。因而，汉字的字形在一定程度上体现和记录了古人的思想文化以及古代社会的发展变化。

2）汉字字形体现古人特有的思想文化

汉字是古人心理和思维活动的产物。因此，汉字反映了汉民族的思想文化。思想文化的内涵十分丰富，它不仅包含了古人的道德标准、思想认知水平，还体现了特有的思维方式和审美情趣。以汉字与古人的思维方式为例。汉字的主要特点是它属于表意体系的文字，古人从记录语义入手，用字形直接表示语义。这种特点是由汉民族特有的思维方式所决定的，即借物表意。体现得最明显的就是六书中的指事字、象形字和会意字。东汉许慎在《说文解字》中给象形字、指事字和会意字下过这样的定义：“象形者，画成其物，随体诘诎；指事者，视而可视，察而见意；会意者，比类合谊，以见指撝。”由此可见，象形字就是根据事物的特征，使之固定化。这种取形方法的特点就是字形和事物之间有相似性，人们见到这个汉字之后可以想到事物的形体，从而能够见形知义。例如：鸟（），我们看到“鸟”这个字就可以联想到真正的鸟。象形字还体现了古人思维由具体到抽象的过程。虽然，形似是象形字的造字基础，但这种形似并不是简单的等同。古人很明显地是将事物的轮廓或具有特征的部分描画出来。这种处理就存在着抽象与概括。例如：羊（），古人取“羊”的角这个最有特点的部分，并将其描画出来，从而造出了“羊”这个字。指事字是根据事物的特征进行构形，只是它的抽象成分更多一些。这种取形过程更侧重将抽象事物具体化，用记号指出事物的特点，使得标识复杂的事物或抽象的事物更简便。例如：上（），古人在一画的上面加一短横指出“上”的意思。这种取形过程是有理可依的，它是根据事物之间的联系来进行的。例如：亦（），“亦”本是“腋”字。“亦”的造字过程是先画一个人，之后在人的两腋之下加点指出“腋”的意思。会意字则是由两个以上的形体组成，把它们的意义组合成一个新的意义，让人们看了可以体会出来。例如：牧（），“牧”字左上是一头牛，右下是一个人的手拿着一根棍子，合起来表示放牧的意思。

除了借物表意这种独特的思维方式之外，古人的审美情趣和思想认知方式在汉字的字形上也体现得十分明显。首先，汉字的形体不像拼音文字那样呈线性排列，有长有短。无论笔画多还是笔画少，所有的笔画都写在同样的方块中。这与古人认识世界、观察世界的方式有很大的联系。《淮南子·览冥训》说：“往古之时，四极废，九州裂。天不兼覆，地不周载，火炎炎而不灭，水浩洋而不息，……于是女娲炼五色石以补苍天，断鳌足以立四极。”在古人心目中，“天圆地方”，地是方形的。因而汉字历经几千年的变化，仍然没有跳出方形的格局。而且这种方方正正的写法，也是中国人所追求的客观美——稳重、端庄、平衡对称。

3）汉字字形记录古代社会的发展变化

汉字是为适应社会的发展才创造出来的，它的点、横、撇、捺等笔画以及各种部件都彰显了中华民族五千年灿烂的文明。若我们以发展的目光去审视，每一个汉字都是有生命的，在看似无意义的形体中烙印着王朝的更迭与时代的变迁。从一个简单的“女”字，我们就可以看出女性地位的变迁。在甲骨文中，“女”字作（），这是一个跽坐的形象。许慎在《说文解字》中对“跽”的解释是：跽，长跪也。所谓“长跪”是指坐时两膝据地，以臀部着足跟。由于在隋唐之前并没有凳子，古人都是席地而坐。因而“跽”是一种符合礼数的姿势。从甲骨文“女”字的外形来看，它给人一种安然闲适的感觉。可见，这时的女性地位并不低下。古人只是从当时女性的常态中概括出一个最具特征的女性形象——女性长居室内。不仅如此，那时的人们对女子非常重视。女子不但能够繁衍后代，还对社会的安定有十分重要的作用。例如“安”（）。“安”的本义是指安定、安全、安稳。《说文解字》中对“安”的解释是“静也，从女在宀下”。在“宀”下意味着没有危险。由此可见，女性在当时的重要程度。但随着母系社会的土崩瓦解，男性对女性的奴役也开始了。从夏王朝的家天下起，权力之间的传递便只发生在男性之间。男性在财产分配、祭祀等方面享有特权，而女性则成为被奴役和被驱使的对象。例如“婢”（）。本义是指旧社会里被迫受剥削阶级役使的女子，在《说文解字》中的解释为：女之卑者也。从女从卑，卑亦聲。除了“婢”，还有“奴、妥、妾、奸……”。这时候含“女”字的字绝大多数已经有了侮辱之意。可见那时男尊女卑的现象多么明显。

由于汉字的结构是点画成文，合文为字，这使得古人还常借汉字的形体结构来表达一种充满含蓄、暗示、象征等意蕴的言外之意。《后汉书·五行志十三》中曾记载：献帝践祚之初，京都童谣曰：“千里草，何青青。十日卜，不得生。”童谣使用了拆字法，“千里草”指的是“董”，“十日卜”指的是“卓”，“不得生”则指出了董卓的结局。一般拆字都是自上而下，从左向右，而这里的“董卓”两字从下边开始拆字，暗指董卓以臣临君，以下犯上。“青青”意为爆发，暗指董卓暴盛当权。

4）汉字的字义记录文化系统

汉语是一种符号系统，也是一种特殊的社会现象。人们以一种约定俗成的符号来表达自然界中的一定意义。这种约定俗成的表达方式是在特定的历史背景下产生的，有着深层的文化意义。汉字的字义就是那层深厚文化内涵的体现。

王贵元（2008）在《汉字与文化》一书中认为汉字的字义记录了文化系统。这就表明汉字文化不是孤立的，汉字是一种文化事象，我们需要把汉字的整体放在人类的文化背景下来了解它与其他文化事象的关系。

来华留学生在学习汉语时，必然绕不开数字的学习。而这些简单的数字就包含着丰富的文化内涵。例如数字“九”。在中国古人的观念里，奇数为阳，偶数为阴，而奇数里最大的数字是“九”，“九九归一”，故而古人对“九”这个数字特别重视，认为“九”可以代表阳气最盛。古人还以奇数象征天，以偶数象征地，并把“九”当成天的象征，因此有“九天”“九重天”“九霄”之说。除此之外，在中国传统文化重，“十”被认为是满盈之数，物极必反，故以自谨待之。而“九”为“百尺竿头更进一步”，永远呈上升趋势，故“九”为至尊之数，为帝王所看重，皇宫建筑，多用“九”或“九”的倍数。如果在教授留学生与“九”有关的汉语知识时，教师可以告诉学生“九”在中国的文化内涵，那么这对于他们理解汉语以及增进对汉文化的认同感都有一定的帮助。

克拉申（Kramsch C.）曾说过：“如果语言被看作是社会实践，文化则是语言教学的核心，文化意识必须被看作语言水平形成的必要之物和语言水平的反映。”语言是文化的载体，民族文化和社会背景的差异赋予同一动物词语不同的内涵。“狗”这个字在汉语中往往带有一定的贬义。例如：狼心狗肺、狗急跳墙、狗皮膏药、狗头军师、狗血喷头、狗仗人势、狗腿子、狗嘴里吐不出象牙……在中国人的传统观念里，“仰不愧于天，俯不怍于人”是君子作为；相反，对于那些趋炎附势、仗势欺人的宵小之徒则是极尽厌恶。依附于人的狗因为其摇头摆尾的形象，凶恶的嘴脸，尖利的牙齿，刺耳的叫声以及狗咬乞丐，常常会被人跟那些阿谀谄媚的无耻之徒联系起来。因此，“狗”这个汉字在被中国人提及时，往往会让人联想到“无耻的、势力的、卑鄙的”文化含义。教师在教授与“狗”相关的汉语知识时，就需要向学生解释“狗”在中国的特殊文化内涵。在对外汉语的教学过程中，对于汉字的教学不仅要让学生对字面意思有一定的认识，对中国文化也要有一定的了解。

5）汉字的字音携带文化因素

语音是语言的物质外壳，汉字的字音也不例外。早期的汉字以象形表意为主，字形本身只表示字义并不能表示读音。形声字的出现不仅使得汉字的表意范围扩大，更让汉字表示读音变成了一种可能。形声字由意符和声符两部分组成，意符表示意义范围，声符表示读音类别。意符有极为丰富的文化内涵，这是毋庸置疑的。但是声符的文化意义就比较隐蔽，很难去确定。而有一些声符不仅表音，也表示一定的意义。在这些声符中，我们可以追寻到一些文化的痕迹。例如“婚”字，“昏”既表示字音，又表示字义。《说文解字》中对“婚”的解释是“娶婦以昏時，婦人陰也，故曰婚。从女从昏，昏亦聲。”《释名·释亲属》中也曾记载：妇之父曰婚，言婿亲迎用昏，又恒以昏夜成礼也。“昏”既是声符也是音符，它的存在也正是古时黄昏迎亲这种古代习俗的最好证明。

汉字分化同音词的能力很强，这使得汉字赋有了很多非语言性质的文化功能。在这其中体现得最明显的就是谐音。谐音就是利用汉字同音或近音的条件，用同音或近音字来代替本字，产生辞趣的修辞格。例如贴福字。每到春节，人们总会在自家门上倒贴一个“福”字，利用“福倒”与“福到”的谐音，表达内心企盼福气临门，来年和顺美满的美好愿望。

《汉语水平词汇与汉字等级大纲》也指出汉语不是音位文字而是语素文字。汉语掌握了 3000 常用字就同时掌握了 3000 个左右的基本语素。汉语作为母语教学的字词统计与教学顺序是从字—词，学字难和学词易是对立的也是互补的；对于对外汉语教学的顺序则相反，是从词—字，学习者学汉字和学词语是同时进行的。这也说明通过讲解词语承载的文化内涵更容易进行对外汉字教学。

14.1.3 对外汉字教学文化导入是实现对外汉语教学目标的重要途径

程棠（1999）在《关于对外汉语教学目的的理论探索》一文中对我国 20 世纪 50 年代初到 90 年代末对外汉语教学目的进行了归纳总结，认为对外汉语教学目的大致可分为两大阶段：第一个阶段，从 50 年代初到 70 年代后期，基本上是以培养汉语的听、说、读、写语言技能为教学目的；第二个阶段，从 70 年代末到 90 年代末，提出并确立了培养汉语交际能力的教学目的。很显然，无论是听说读写还是语言交际都脱离不了汉文化大的背景。进入 21 世纪后，国家对外汉语教学领导小组办公室组织编写的《高等学校外国留学生汉语教学大纲》（长期进修）、《高等学校外国留学生汉语教学大纲》（短期强化）、《高等学校外国留学生汉语言专业教学大纲》对教学目标进行了明确规定，除了要完成一定量的交际任务项目的学习，掌握相应的语言要素、言语技能外，还要学习掌握相关文化知识。从汉字教学源头上就引入文化知识介绍，显然符合对外汉语教学的终极目的。

14.1.4 对外汉字教学文化导入是教学实践的需要

汉语不是音位文字而是语素文字，通过长期教学实践来看，融入文化元素的对外汉字教学，能够帮助学生快速建立起对汉字的立体、直观的认识，可以帮助学生把很多分散不易联想在一起的汉字汇集到一起，可以帮助他们理顺很多只靠识记所无法掌握的知识。这对于他们的汉字积累和识字用字能力的提高，无疑是具有巨大帮助的。

汉字是组词成句的基本元素，除了普通词语，成语、谚语、惯用语等文化性很强的词通过汉字也能够识别一二，而且中国的历史、地理知识、婚丧嫁娶等民族风俗习惯、民间传统文化等文化因素也能从汉字中探索到蛛丝马迹。吕必松（1993）先生指出，在第二语言教学中，要清醒地看到不同语言中包含的文化差异，必须同时进行文化知识的教学。在这个问题上，目前似乎没有什么不同的意见。无论这里的文化是“知识文化”还是“交际文化”，都离不开从微观汉字上去找差异。

由此可见，对外汉字教学文化导入有着深刻的理论和实践原因。

14.2 对外汉字教学文化导入的有关研究

“文化导入说”最早由赵贤州（1989）在研究跨文化以及文化差异的基础上提出，他将汉语中的交际文化概括为 12 项，并在其后的著作中提出了文化导入必须遵循阶段性、适度性、规范性以及科学四个基本原则。他认为文化导入必须要融入语言教学的体系之中才是科学的。后来的研究都很难摆脱其框架。魏春木、卞觉非（1992）《基础汉语教学阶段文化导入内容初探》在区分文化和文化项目的基础上，用五条原则，将文化大致分为文化行为和文化心理两大部分，并在此基础上将文化项目做了深层次的划分。陈光磊主张以语用文化为重心，以语义文化和语构文化为两翼，把文化导入分为“语构文化、语义文化和语用文化”。

这些主要是对外汉语整体教学的文化导入研究，而单就对外汉字教学方面的文化导入研究大致在同一时间提出。

在对外汉字教学中无论有意识还是无意识，都会不自觉地将一些汉字文化贯穿其中。安子介（1990）《解开汉字之谜》是专为外国人学习汉字而写的，历时三年半用英文写成，其在书中强调了文化对汉字学习的重要性。

柯・彼德教授在 1996 年第五届国际汉语教学讨论会史加明确地提出：“汉

语教学今天面临的最大挑战，一方面是文化和语言教学的融合，另一方面是汉字的教学，如果不接受这两场挑战并马上寻找出路，汉语教学恐怕没有再向前发展的可能性。”柯·彼德的言论虽然过于绝对，但却不无道理。

白乐桑、张朋朋（1997）《汉语语言文字启蒙》遵循“字本位原则”，以字构词，介绍了中国某些风土习俗、成语故事、历史名人、古典诗歌等。比如第2册第一章就讲了“画龙点睛”的成语故事，通过文化导入来教授汉字，是文化导入汉字教学的先驱。

何九盈（2000）、陈申（2001）、谭海涛（2003）、朱晓红（2007）、胡文华（2008）、欧阳祯人（2009）、张雯君（2009）、李俊菁（2011）等学者从不同角度对汉字教学如何导入汉字文化进行了深入研究，推动了对外汉字教学文化导入发展。

14.3　基于分场字库的对外汉字教学文化导入研究思路

字场也是文化场，由于汉字造字的规律性，决定了处于同一字场的汉字，在文化上都有一定的关联性。比如“戚、亲、曾、祖、爸、父、妈、姑、姨、妻、弟、哥、兄、姐、妹、子、仔、氏、属、爷、舅、婆、婿、嫂、媳、孙、婶、侄”等字都是处于亲属场，他们都是家文化、亲属文化、宗亲文化里的一员，通过“六亲不认”“株连九族”等成语可以窥视一二。由于字场体现的是文化场，要想更好地进行文化导入，就需要建立完备的字场。我们将对外汉字教学所要教授的所有汉字标注有关信息建成字库，并在此基础上通过一系列原则进行分场，形成《对外汉字教学分场字库》，以便能够系统、便捷地教授相关汉字。

在对分场字库的建设中，我增加了文化属性字段，将2561个汉字，2977条信息标注成了147个对应文化场。

14.4　基于分场字库的对外汉字教学文化导入实证研究

下面以亲属场和数字场这两个典型字场为例，利用《对外汉字教学分场字库》进行教学展示。

14.4.1 对外汉字教学中的“亲属场”和“数字场”

《对外汉字教学分场字库》“亲属场”中一共有 29 个汉字，其中初级 17 个，分别是“戚、亲、曾、祖、爸、父、妈、姑、姨、妻、弟、哥、兄、姐、妹、子、仔”；中级 9 个，分别是“氏、属、爷、舅、婆、婿、嫂、媳、孙”；高级只有“婶、侄”两个汉字。从语料库统计的频率和 HSK 真题来看，父母、兄弟姐妹、夫妻及子女关系的汉字出现频率最高，充分体现了中国人重视家庭观念的思想。数字场中包含的大概有六类汉字，第一类是常用基数词如“三、四、十、百、千、万”等，第二类是这些基数词的大写形式如“壹、贰、陆”等，第三类是地支如“子、丑、寅、卯”，第四类是特定场合常用的顺序词，如亚军的“亚”，季军的“季”，第五类是古代某些表示顺序的字，如“伯、仲、元、么（幺）”等，第六类是表示概数的字如“倍、半”等。根据语料库提取的句子来看，虽然有的数字频率较高，但并非都表示数字，比如“么（幺）”出现的频率最高，但是经常在“什么”一词中出现，表示数字。因此结合频率和 HSK 真题，我们发现第一类、第四类和第六类是最常用的数字。

14.4.2 对外汉字分场文化导入教学

“分场汉字文化导入教学法”以语义为纲来进行分场，根据人的认知、书写的难易度、与日常生活贴近的程度等来安排场及场里的字的先后顺序，根据汉语里有趣的文化常识导入进行教学。其教学过程基本上可以概括为“一归二串三扩”。所谓“一归”即是根据语义归类，然后指导学生掌握场中的汉字的形音义；“二串”一是将场中有关系的字串起来，如“父、子”“婆、媳”等，二是将场中的字与现实生活中的常用说法用法串起来，如夫妻关系在生活中常说“两口子、爱人”等，这一步其实是在跟词语教学相结合。“三扩”一是扩大语境，给出学生各种情境，结合所学的字与所串的词语进行反复练习巩固；二是扩充 HSK 题型，这一阶段也可以使用 HSK 题型来检验学生对知识的掌握情况；三是跟其他场的汉字相结合来学习。“三扩”使学生扩大了知识面和词汇量，使汉字教学更具有实用性。这样的分场式汉字教学充分考虑到字场中的每个字在现实生活中的使用频率及使用场合，通过设置不同的场景及结合 HSK 考试题型来巩固学过的汉字，同时场中的字又在语义基础上建立了语义关系网，甚至与别的场也建立起了联系。这就打破了汉字的孤立教学状态，更有助于汉字教学与其他语言要素教学的相结合。

我们根据学生的能力可以分次将场内的字学完，学习的内容包括读音、笔顺、字义等。场内汉字因为存在语义关系，因此可以按照语义交叉绘出图形或表格，图表一目了然，能加深记忆。字数太多的字场，可以分成一个一个的子字场，如“父系亲属场”“母系亲属场”等等。

其次串讲，在汉字基本知识都学完以后，一方面利用语义关系反复巩固练习所学汉字，如给出学生“爸爸的爸爸”“女儿的丈夫”“妈妈的妈妈”等问题，让学生说出并写出汉字。另一方面利用汉字组词组句，使汉字教学与词汇语法教学相结合。如“祖”字可以组成“祖父、祖母、外祖父、外祖母、祖孙关系”等，再如告诉学生“岳父”一词口语中常说“丈人”等。这样的串讲能让学生更快地将所学汉字与现实生活中的人物联系起来，增加了他们的兴趣，也拓展了其词汇量。第三步是通过接触更多的语境和 HSK 试题，让他们体会到所学东西的确有用。如某 HSK 听力题中有这样一句话“周末孩子去舅舅家”，问题是“舅舅跟妈妈是什么关系？”学生们发现这样的问题他们也会回答，顿时增加了学习的信心。最后将所学汉字场与其他汉字场联系起来。如大家都熟悉的“数字场”就可以跟“亲属场”结合到一起学习。“数字场”在日常生活中使用频率很高，在 HSK 考试中题型也是花样翻新，是应该重点学习的一个汉字场。“亲属场”中的排行离不开“数字场”，如“二姐、三哥、单身”等，再比如说“我在家里是老小”，这里的“老小”是什么意思？“我是独生子”这里的“独”又是什么意思？这些看起来跟数字没什么关系，实则关系紧密。老师在讲解的时候应该把这些常用的拓展都展示给学生，这样的展示能开拓学生的视野，对汉语作为第二语言学习者来说很有必要。

可见，汉字分场文化导入教学法相对于常规汉字教学法来说是用语义将松散的知识联系到一起，然后根据使用频率拓展新词语新说法，最后用真实情境和 HSK 试题来检验字场学习的成果和效果。

14.5 文化视野下的分场对外汉字教学策略

钱穆先生曾在《文化学大义》中指出：一切问题，由文化问题产生；一切问题，由文化问题解决。语言也不例外。语言是文化的载体，人们凭借语言积累知识、形成文化。对外汉语教学是一种开放型的教学，需要广纳百家之说，并调动包括逻辑思维和形象思维在内的一切有效的认知手段。对于汉字的教学也不例外，将汉字教学放在文化视野之下，结合汉字形、音、义三位一体的构字特点，这无疑会让教学更有效。

14.5.1　整体把握汉字结构，不做过多的部件拆分

通用汉字数量庞大，一个汉字的平均笔画大约在 10 画左右，笔画又有 30 种之多；由不同笔画构成的基础部件约有几百种；不同的部件又要按照不同的结构再组成汉字。传统的汉字教学会对汉字做部件拆分，以便于学生识记。但一些教师在做汉字的部件拆分时过分细致，导致留学生不容易识记，反而产生畏难情绪。汉字的创造和认知都是从整体上把握的，因此，汉字的教学也是个整体认识的过程。在教学中，只见树木不见森林的做法是不可取的。

14.5.2　巧妙运用联想和想象

汉字起源于图画，它是在原始的画画记事的基础上被创造出来的。它的直观性、形象性使得它区别于其他表音体系的文字，从而成为迄今为止唯一一种世界上还在使用的表意体系的文字。

在对外汉语的汉字教学过程中，教师可以根据汉字的这一特点，将晦涩难懂的文字用生动简单的形象表示，同时辅以形、音、义的相关讲解。如下图所示：

图中“鸟”字从左至右分别是甲骨文、金文、小篆和隶书。教师在讲解的时候，可以先向学生展示“鸟”字甲骨文的图片和鸟的图片，让学生做比较，之后再展示出“鸟”字的金文、小篆、隶书的图片。这样学生会比较容易理解“鸟”字的演化过程，同时对现行的“鸟”字也会更容易识记。在教学过程中，教师一定要注意自己的讲解方法以及图片形象性的问题。笔者在实践教学中曾经发现过这样一个问题，一位实习教师为留学生讲解“家”这个字时，告诉学生中国人对“猪”很重视，因而“家”的“宀”底下是一头猪的形象。留学生们却十分不理解老师的意思。因为在他们眼里看来，“豕”跟猪的形象并没有联系。所以，在运用联想和想象的方法时，教师一定要从学生的角度出发。

除此以外，在对外汉字的教学过程中，教师还可以把相同类别的汉字进行归纳分析，用浅显形象的语言把他们之间的联系和特点表达出来，同时配合一些图画。例如，有“氵”的汉字大多与水有关，像“江、河、湖、海……”这些字。在给留学生讲解的时候，教师可以先为他们展示几个有“氵”的汉字，出现一些字的相关图片，告诉他们“氵”的含义，之后再让学生们举例子。这样做不但可以帮助留学生复习归纳所学的汉字知识，而且还可以让他们对汉字有亲近感和形象感。

14.5.3 充分利用多媒体资源

随着科技的发展，社会已经进入了一个信息化的时代，多媒体已经广泛地用于对外汉语教学领域。留学生对于汉字的学习一直是一个难点。如果教师可以充分利用现有的多媒体资源，换一种汉字的呈现方式，留学生们学起来也会更加轻松。现在有很多网站和微信公众号，比如汉府中文、Gogo learning 北美咨询……，里面有很多十分有趣的教学素材。比如创意字动画、故事串联、汉字图画等等。这些素材风趣通俗，比较实用见效。当然，教师在使用这些素材时也要加以甄别。张德鑫（1999）就曾提出汉字的俗解不能太随意，需要有一个科学、合理、适当的“限度”和“规范”。例如“十”字像教堂上的十字架，将汉字“十”借西方文化来图解，就有些不合适。因为教堂十字架下半部的竖要长于上半部。但这并不意味着所有的俗解都要有文字学的依据。周健（1996）曾提出过一种“拐杖论”：我们要教给留学生的并不是文字学的知识，而是文字的使用。至于学生会不会把“提示”误作字源的知识而对其将来高阶段的汉学研究产生副作用？这种看法过虑了。因为，首先教学的对象是成年人，我们在一开始便反复采用某些荒诞有趣的记忆方法不过是给他们一根帮助识字的拐杖；其次，学生掌握了最基本的汉字之后，“提示”的内容就将以文字学的知识为主了。可见，在教学过程中，只要方法不会产生曲解误导或是偏离文化背景，我们能够把握正确的尺度，一些好的素材都是可借鉴的。

参考文献

[1] 安子介．解开汉字之谜[M]．香港：瑞福有限公司，1990.

[2] 白乐桑，张朋朋．汉语语言文字启蒙[M]．北京：华语教学出版社，1997.

[3] 白乐桑．A Key to Chinese Speech and Writing. Sinolingua Press and LA COMPAGNIE，France，1997.

[4] 鲍贵．二语习得研究中的常用统计方法[M]．北京：外语教学与研究出版社，2011.

[5] 暴希明．从甲骨文、金文“姓”的异构看古代婚姻形态的演进[J]．安阳师范学院学报，2012（4）.

[6] 蔡北国．中介语动作动词混用的调查与分析[J]．世界汉语教学，2010，（4）.

[7] 曹景园．释名·释衣服[D]．大连：辽宁师范大学，2014.

[8] 曹曦颖．试论英汉谚语中动物比喻形象的文化差异[J]．西华师范大学学报：哲学社会科学版，2006，（3）.

[9] 曾冰洁．游戏教学法在对外汉语时间名词教学中的运用——以泰国中学生为对象[D]．长沙：湖南师范大学，2015.

[10] 陈慧．浅析对外汉语中颜色词的文化内涵教学[J]．安徽文学（下半月），2011（7）.

[11] 陈倩．从社会——认知视角看留学生的汉语语用失误[J]．西北成人教育学院学报，2015（1）.

[12] 陈曦．关于汉字教学法研究的思考与探索——兼论利用汉字“字族理论”进行汉字教学[J]．汉语学习，2001（3）：70-75.

[13] 陈贤纯．对外汉语中级阶段教学改革构想——词语的集中强化教学[J]．世界汉语教学，1999（4）.

[14] 陈永香，朱莉琪．身体部位与早期习得的汉语动词的联结及其对动词习得年龄的影响[J]．心理学报，2014（7）.

[15] 程棠．关于对外汉语教学目的的理论探索[J]．世界汉语教学，1999（3）：106-112.

[16] 道尔吉．汉语方位词的文化涵义探析[J]．内蒙古社会科学，2001（S1）.

[17] 方经民．论汉语空间方位参照认知过程中的基本策略[J]．中国语，1999（1）．
[18] 郭静．说文解字表宫室类字研究[D]．汉中：陕西理工学院，2015．
[19] 韩汉雄．汉语量词与英语表量词[J]．杭州师范学院学报（社会科学版），1980（2）．
[20] 郝平．《说文》与地域有关的 25 个部首所收字语义系统研究[D]．临汾：山西师范大学，2015．
[21] 郝兴跃．文化与外语教学[J]．昆明理工大学学报（社会科学版），2001（3）．
[22] 何九盈．汉字文化学[M]．北京：商务印书馆，2016．
[23] 何秀峰．从“红”与“red”的语义对比看对外汉语词汇教学[J]．云南师范大学学报（对外汉语教师与研究版），2007（3）．
[24] 胡鸿，褚佩如．集合式词汇教学探讨[J]．世界汉语教学，1999（4）．
[25] 胡亮节．论对外汉语教学中的近义词辨析[A]．云南师范大学学报（对外汉语教学与研究版），2006（6）．
[26] 胡文华．汉字与对外汉字教学[M]．上海：学林出版社，2008．
[27] 黄劲伟．也谈“告”字形义[J]．华中师范大学研究生学报，2013，（1）．
[28] 黄丽英．汉泰时间词对比研究[D]．重庆：西南大学，2012．
[29] 姜晓．汉语味觉词研究综述[A]．社会科学家，2010（3）．
[30] 蒋雪．对外汉语名量词专题教学探索[J]．唐山师范学院学报，2011，（5）．
[31] 柯彼德．汉字文化和汉语教学[A]．世界汉语教学学会．第五届国际汉语教学讨论会论文选[C]．世界汉语教学学会，1996（4）．
[32] 孔若兰．现代汉语情感形容词研究[J]．现代语文（语言研究版），2013（4）．
[33] 李大遂．关系对外汉字教学全局的几个问题[J]．暨南大学华文学院学报，2008（2）．
[34] 李大遂．汉字的系统性与汉字认知[J]．暨南大学华文学院学报，2006(1)．
[35] 李俊菁．汉字教学中的文化导入[D]．哈尔滨：黑龙江大学，2011．
[36] 李禄兴．现代汉字及其对外教学研究[M]．北京：中央编译出版社，2012．
[37] 李洛枫．浅谈量词的特殊表达作用[J]．福建师范大学学报（哲学社会科学版），1987（3）．
[38] 李美玲．谈对外汉语教学中的双音节合成动词[J]．青海民族学院学报，1998（1）．
[39] 李倩．现代汉肢体动作类基本属次范畴词汇研究[D]．北京：中央民族大

学，2013.
[40] 李晴. 心理动词搭配及其在对外汉语教学中的应用研究[D]. 长沙：湖南大学，2016.
[41] 李荣浩. 对外汉语“服饰类”词语的考察及教学策略的研究[D]. 苏州：苏州大学. 2016.
[42] 李胜梅. 论动作词语的释义问题[J]. 南昌大学学报（人文社会科学版），2009（1）.
[43] 李顺琴. 汉英颜色词对比研究—兼及汉语颜色词的教学策略[D]. 昆明：云南师范大学，2007.
[44] 李顺群. 对外汉语口语教学中的语气助词[J]. 北京第二外国语学院学报，1999（6）.
[45] 李晓鹏. 试论对外汉语教学中文化词语的教学[J]. 南昌教育学院学报，2010.
[46] 李杨. 对外汉语教学课程研究[M]. 北京：北京语言文化大学出版社，1997.
[47] 李宇明. 数量词语与主观量[J]. 华中师范大学学报（人文社会科学版），1999（6）.
[48] 李振中李琼. 从《说文解字》中看中国先民的建筑文化意识[J]. 广西社会科学，2005（11）.
[49] 厉芹. 对外汉字教学的分析和方法[J]. 广西大学学报：哲学社会科学版，2008（Z1）.
[50] 林华勇. 现代汉语副词研究回顾[J]. 汉语学习，2003（1）.
[51] 林汝昌，李曼珏. 语义的对比关系和对立关系[J]. 外语教学与研究：外国语文双月刊，1987（2）.
[52] 刘慧，边玉芳. 留学生汉语基本颜色词习得模式诊断研究——以规则空间模型为工具[J]. 心理学探新，2014（1）.
[53] 刘世华，鲁英. 二语教学中的文化教学[J]. 西南民族大学学报：人文社会科学版，2011（S2）.
[54] 刘叔新. 论现代汉语助词的划分[J]. 天津社会科学，1982（3）.
[55] 刘一双. 浅析中韩味觉词意义对比——以‘苦’为主[J]. 西南民族大学学报（人文社会科学版），2009（S1）.
[56] 罗杨. 英汉身体部位词项语义引申的认知实证研究[J]. 乐山师范学院学报，2012（4）.
[57] 吕必松. 关于中高级汉语教学的几个问题[J]. 语言教学与研究，1993(1)：20-33.

[58] 吕必松. 对外汉语教学发展概要[M]. 北京：北京语言学院出版社，1990.
[59] 吕必松. 对外汉语教学概论（讲义）[M]. 北京：国家教委对外汉语教师资格审查委员会办公室，1996.
[60] 马莹. 对外汉语教学中助词“了”的教材编写内容考察与建议[J]. 湖北第二师范学院学报，2011（4）.
[61] 孟国. 对外汉语教学求索集[M]. 成都：电子科技大学出版社，2014.
[62] 孟晓雪. 对外汉语教学中的颜色词研究及教学初探[D]. 苏州：苏州大学，2015.
[63] 缪俊. 心理态度形容词[J]. 中文自学指导，2007（5）.
[64] 莫丽红，白解红. 汉语味觉词多义性的认知识解研究[A]. 湖南社会科学，2015（4）.
[65] 牟萍. 从汉语方位词“外”“内”再探俄汉亲属称谓[J]. 外语研究，1998（1）.
[66] 南日. 韩汉语空间方位词使用差异的句法、语义特点——以“里”和“上”为例[J]. 延边大学学报：社会科学版，2016（5）.
[67] 彭志瑛，味觉词多义现象的认知研究——以“sweet/甜”与“bitter/苦”为例[A]. 广州大学学报（社会科学版），2014（12）.
[68] 乔羽西. 英国学生习得汉语时间词语的考察及偏误分析[D]. 长春：吉林大学. 2013.
[69] 任瑚琏. 现代汉语方位词的性质——兼论方位词在汉语词类系统中的地位和方位词的范围[J] . 西南民族大学学报：人文社会科学版，1988（2）.
[70] 任琳琳. 汉语颜色词与对外汉语教学研究[D]，昆明：云南大学，2015.
[71] 任敏. 对外汉语教材中的对释词[J]. 和田师范专科学校学报（汉文综合版）2008，（2）.
[72] 申晓珊.《对外汉语“女”旁形声字表意性研究及教学策略》[D]. 长沙：湖南师范大学，2014.
[73] 石定果，万业馨. 关于对外汉字教学的调查报告[J]. 语言教学与研究，1998（yy）：36-48.
[74] 时兵. 汉藏等语言的量词“头”[J]. 民族语文，2009（5）.
[75] 舒华. 心理学研究方法[M]. 北京：人民教育出版社，2008.
[76] 斯钦朝克图. 阿尔泰诸语人体部位名称比较[J]. 民族语文，2004（2）.
[77] 苏培成. 二十世纪的现代汉字研究[M]. 太原：书海出版社，2001.
[78] 苏新春. 汉字文化引论[M]. 南宁：广西教育出版社，1996.
[79] 孙德金. 对外汉字教学研究[M]. 北京：商务印书馆，2006.

[80] 孙璇. 现代汉语心理动词在对外汉语教材中的分布及运用考察[D]. 昆明：云南大学，2014.

[81] 田桴佳. 物质文化类汉语象征词研究[D]. 大连：大连理工大学，2010.

[82] 万业馨. 字符分工与部件教学[J]. 语言教学与研究，1999（4）.

[83] 汪成慧. 汉语言中表“生理现象”的委婉语[J]. 北华大学学报（社会科学版），2003（2）.

[84] 王丹凤. 现代汉语身体动作动词的连动结构研究[D]. 杭州：浙江工业大学，2015.

[85] 王国安. 论汉语文化词和文化意义[C]. 中国对外汉语教学学会第 5 次学术讨论会论文选. 1996.

[86] 王建军.《说文解字》宫室类名词研究[D]. 桂林：广西师范大学，2007.

[87] 王瑞华. 姓名研究及其在对外汉语教学中的运用[D]. 昆明：云南大学，2011.

[88] 王玥. 对外汉语教学中基本颜色词研究[D]. 哈尔滨：黑龙江大学，2012.

[89] 魏春木，卞觉非. 基础汉语教学阶段文化导入内容初探[J]. 世界汉语教学，1992（1）：54-60.

[90] 魏红，施银宝. 汉语动宾结构特点与汉语动词教学分析[J]. 云南师范大学学报（对外汉语教学与研究版），2011（6）.

[91] 魏在江. 英汉生理现象委婉语对比分析[J]. 外语与外语教学，2001（7）.

[92] 温玲霞，张吉吉. 从中西文化中的动物词汇谈英语词汇教学中的文化移入[J]. 内江师范学院学报，2007（3）.

[93] 温云水. 对外汉语教学中的时间词问题[J]. 天津外国语学院学报，1997（3）.

[94] 文雅丽. 现代汉语心理动词研究[D]. 北京：北京语言大学，2007.

[95] 吴静. 试论英汉语人体名词在隐喻空间关系中的语法化现象[J]. 外语与外语教学，2003（6）.

[96] 吴琳. 对外汉语教学中的方位文化教学[J]. 中南民族大学学报：人文社会科学版，2003（S1）.

[97] 武学军. 河北蔚县话的“们”——兼谈“们”的用法[J]. 河北北方学院学报，2005，21（6）.

[98] 肖奚强，钱如玉. 现代汉语副词研究综述[J]. 云南师范大学学报，2006（3）.

[99] 谢婵. 留学生汉语时间结构表述方式的显性偏误研究[D]. 济南：山东师范大学，2015.

[100] 辛亚宁. 从“这个歌星很白”看颜色词的对外汉语教学[J]. 郧阳师范高等专科学校学报，2005，25（2）.
[101] 邢福义. 方位结构“X 里”和“X 中”[J]. 世界汉语教学，1996（4）.
[102] 徐通锵. “字”和汉语的句法结构[J]. 世界汉语教学，1994（2）：1-9.
[103] 徐通锵. 汉语字本位语法导论[M]. 济南：山东教育出版社，2008.
[104] 徐秀云. 汉语服装文化词语的语义和文化涵义研究[D]. 南京：南京师范大学，2012.
[105] 徐志英. 语言与文化的差异在英语中的体现[J]. 辽宁行政学院学报，2006，（8）
[106] 薛凯传.《说文解字》“土”部解说[J]. 安徽文学，2010（11）.
[107] 杨德霞. 基于词汇角度的汉语时间观研究[J]. 开封教育学院学报，2016，36（6）.
[108] 杨倩. 从文化的角度看对外汉语教学中的颜色词教学[D]. 西安：陕西师范大学，2013.
[109] 杨恬. 跨文化适应与对外汉语教学研究[M]. 成都：四川大学出版社，2015.
[110] 杨岩勇. 谈“味”觉词的转义与转域[A]. 云南师范大学学报（对外汉语教学与研究版），2007（2）.
[111] 杨壮春，龚志维. 英汉数量词组对比研究[J]. 外语教学，1999（1）.
[112] 尤升武. 英文写作中的比喻和联想[J]. 文教资料，2008（14）.
[113] 于茜. 浅谈结构助词“的”的对外汉语教学[J]. 科教文汇（下旬刊），2009（12）.
[114] 袁珂. 商务汉语口语教学中任务型教学模式初探[J]. 内蒙古师范大学学报（社会科学版），2008（S2）.
[115] 岳强. 疏状限定关系在两种语言中的表达法对比分析——以俄英语为例[J]. 当代教育理论与实践，2013（5）.
[116] 张必隐. 阅读心理学[M]. 北京：北京师范大学出版社，1992.
[117] 张凤芝. 留学生汉语时间表述方式偏误分析[D]. 广州：暨南大学，2003.
[118] 张虹倩，刘斐. 现代汉语心理形容词带宾语结构研究[J]. 大连大学学报，2011（5）.
[119] 张积家，陈新葵. 汉字义符在汉语动作动词意义认知中的作用[J]. 心理学报，2005（4）.
[120] 张鹭. 从认知角度探讨对外汉语量词教学策略的建构[J]. 黑龙江高教研究，2011（3）.

[121] 张朋朋.《汉语语言文字启蒙》一书在法国获得成功的启示[J]. 语言教学与研究，1992（1）：119-125.

[122] 张少芬. 基于汉字系统性的“水”部汉字教学研究及微课设计——以布隆迪大学孔子学院为例[D]. 绵州：渤海大学，2017.

[123] 张树铮. 汉语水泽词语的地理分布初探[J]. 古汉语研究，1994（2）.

[124] 张谊生. 论与汉语副词相关的虚化机制——兼论现代汉语副词的性质、分类与范围[J]. 中国语文，2000（1）.

[125] 张瑜. 名副其实的职务身份词——物性结构下的职务身份词词义理据探析[J]. 湖北第二师范学院学报，2016，33（12）.

[126] 赵广珍. 方位词及其修饰色彩[J]. 内蒙古民族大学学报：社会科学版，1992（2）.

[127] 赵海燕. 让孩子在“汉字场”中亲近母语[J]. 文教资料，2011（35）.

[128] 赵贤洲. 文化差异与文化导入论略[J]. 语言教学与研究，1989（1）：76-83.

[129] 钟珊珊. 日本留学生汉语时间词的偏误研究[D]. 北京：北京外国语大学. 2015.

[130] 周妮. 从“红”字文化义看颜色词在对外汉语教学中的策略[J]. 时代文学（下半月），2014（3）.

[131] 周韧. 现实性和非现实性范畴下的汉语副词研究[J]. 世界汉语教学，2015（2）.

[132] 周小兵. 谈汉语时间词[J]. 语言教学与研究，1995（3）.

[133] 周艳丽. 汉语用身份称谓表达对称方式探析[J]. 襄樊学院学报，2009，30（12）.

[134] 周毅芳. 对外汉语教学中的颜色词研究[D]. 西安：西北大学学报，2014.

[135] 孔丽华. 汉语身体部位词的文化义与对外汉语教学[J]. 现代语文. 2008.

[136] 孔丽华. 基于“对外汉字教学分场字库”的对外汉字教材编写构想[J]. 学林出版社：国际汉语学报第 5 卷 2014.

[137] 孔丽华. 汉语水平考试常见易混词语辨析[M]. 北京：北京大学出版社，2017.